Sichtachsen in Deutschland

Elmar Arnhold · Hajo Dietz

SICHTACHSEN IN DEUTSCHLAND

Städte

Parks

Gärten

SCHNELL + STEINER

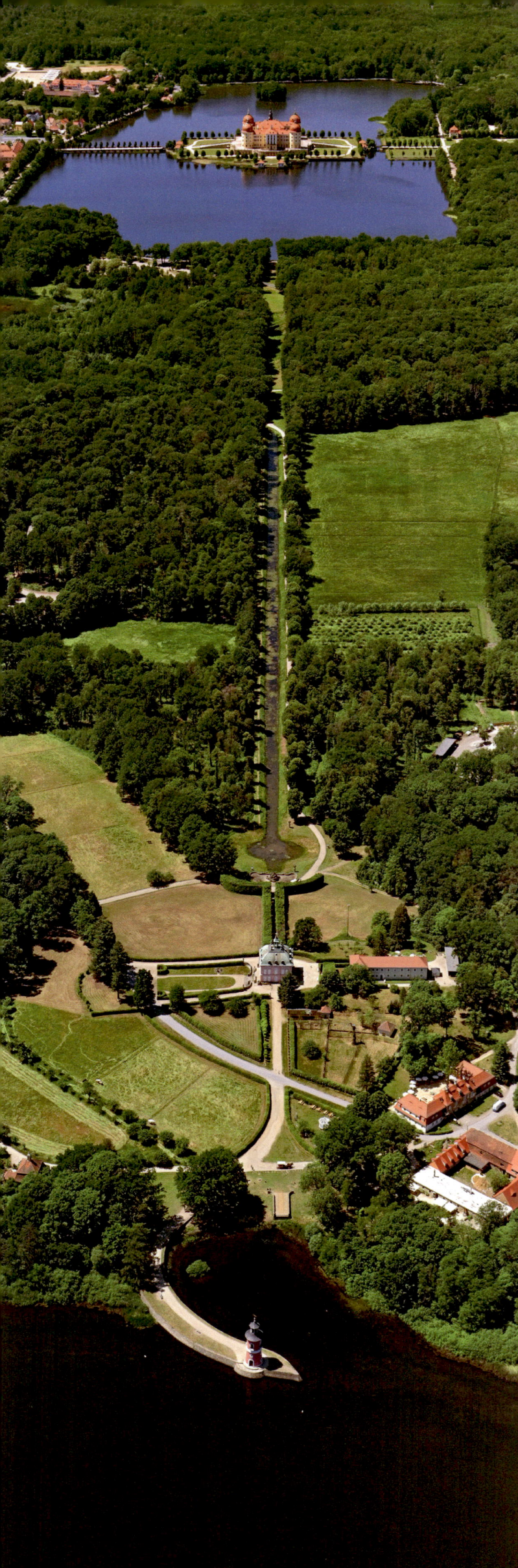

INHALT

6	**Zum Geleit**
7	**Vorwort des Luftbildfotografen**
8	**Zur Einführung**
18	**Trier** Simeonstraße mit Hauptmarkt und Porta Nigra
20	**Speyer** Maximilianstraße mit Dom
22	**Würzburg** Domstraße mit Alter Mainbrücke und Dom
24	**Mannheim** Kurpfalzstraße mit Schloss
26	**Berlin** Unter den Linden
28	**Berlin** Bismarckstraße, Straße des 17. Juni und Tiergarten
30	**Hannover-Herrenhausen** Großer Garten
32	**Dresden** Großer Garten
34	**Saarlouis** Deutsche Straße und Großer Markt
36	**Oranienbaum** Stadt und Schloss
38	**Schleißheim** Altes und Neues Schloss
40	**Haldensleben** Schloss Hundisburg
42	**Berlin** Schloss Charlottenburg
44	**Kassel** Schloss und Bergpark Wilhelmshöhe
46	**Kassel** Karlsaue und Orangerieschloss
48	**Rastatt** Stadtanlage und Schloss
50	**Seehof bei Bamberg** Schloss Marquardsburg

52	**München** Schloss Nymphenburg	90	**Schwetzingen** Schloss und Parkanlagen
54	**Hanau** Schloss Philippsruhe	92	**Wilhelmsthal bei Kassel** Schloss
56	**Nordkirchen** Schloss	94	**Düsseldorf** Schloss Benrath
58	**Ludwigsburg** Schloss	96	**Stuttgart** Schloss Solitude
60	**Bad Arolsen** Residenzschloss	98	**Ludwigslust** Schloss, Am Bassin und Kirchplatz
62	**Ballenstedt** Allee und Schloss	100	**Koblenz** Neues Schloss und Neustadt
64	**Karlsruhe** Stadtanlage	102	**Düsseldorf** Königsallee
66	**Höxter** Corveyer Allee und Kloster Corvey	104	**Fürth** Königswarterstraße und Hornschuchpromenade
68	**Bruchsal** Schlossanlage	106	**München** Ludwigstraße
70	**Dresden** Schloss Pillnitz	108	**München** Maximilianstraße und Maximilianeum
72	**Dresden** Königstraße und Japanisches Palais in der Neustadt	110	**Ettal** Schloss Linderhof
74	**Moritzburg bei Dresden** Schloss Moritzburg	112	**Herrenchiemsee** Schloss
76	**Weimar** Schloss Belvedere und Belvederer Allee	114	**Mainz** Kaiserstraße und Christuskirche
78	**Neustrelitz** Schlossstraße	116	**Braunschweig** Jasperallee
80	**Hannover** Herrenhäuser Allee	118	**Mannheim** Augustaanlage und Friedrichsplatz mit Wasserturm
82	**Brühl** Schloss Augustusburg	120	**Hamburg** Stadtpark
84	**Potsdam** Schloss Sanssouci	122	**Leipzig** Völkerschlachtdenkmal
86	**Potsdam** Park Sanssouci und Neues Palais	124	**Berlin** Olympiastadion
88	**Schwerin** Schlosspark und Residenzschloss	126	**Berlin** Karl-Marx-Allee

ZUM GELEIT

Sichtachsen gehören seit den frühen Hochkulturen zu den wichtigsten Gestaltungselementen der Stadtbaukunst und prägen nicht nur Parks und Gärten, sondern ganze Kulturlandschaften. Sie dienten der Unterstreichung weltlicher Herrschaft sowie religiöser Anschauungen. Als ordnende Strukturen sind Achsen darüber hinaus bis heute von praktischer Bedeutung. Zahlreiche gewichtige, entscheidende Leistungen des Städtebaus und der Freiraumgestaltung beinhalten Sichtachsen und verleihen ihnen ihre Unverwechselbarkeit.

Im vorliegenden Buch laden wir Sie zu einem Streifzug zu den bedeutendsten Werken der Stadt- und Landschaftsplanung in Deutschland ein. Erstmals werden hier markante Sichtachsen in Städten, Parks und Gärten ausschließlich in Luftbildern präsentiert. Die streng axial aufgenommenen Fotografien sind nicht nur überaus reizvoll, sie lassen auch Zusammenhänge sichtbar werden, die dem Betrachter am Boden oft verborgen bleiben. Sie zeigen die Anlagen aus einer ungewohnten Perspektive, die den Intentionen der Bauherren und Baumeister in früheren Jahrhunderten durchaus nahekommt. Weil sie ihre Schöpfungen selbst nicht aus der Vogelschau betrachten konnten, ließen viele Herrscher ihre Städte, Schlösser und Gärten schon in der Barockzeit in eindrucksvollen, luftbildähnlichen Zeichnungen darstellen. Diese Ansichten waren die Urahnen der heutigen Luftaufnahmen.

Unsere Beispiele umfassen die Entwicklung vom römisch-antiken und mittelalterlichen Städtebau, über die grandiosen Anlagen des Absolutismus, bis zu den monumentalen Achsen aus den zeitgeschichtlich problematischen Epochen des 20. Jahrhunderts. Dies jedoch ohne Anspruch auf Vollzähligkeit, dazu ist die Anzahl der infrage kommenden Sichtachsen allein in unserem Land viel zu groß. Auf manch wichtiges Objekt musste aus ganz profanen Gründen verzichtet werden, zum Beispiel wegen störender Baustellen zur Zeit der Befliegung. Bewusst sind auch keine Sichtachsen in Landschaftsparks und Englischen Gärten aufgenommen, da sie in Luftbildern weniger zur Geltung kommen als die streng geometrischen Beispiele. Auch ist dieses Buch keine wissenschaftliche Abhandlung, hier möchten wir ausdrücklich auf die vielfältige Literatur zu einzelnen Städten sowie Schloss- und Gartenanlagen verweisen.

In der Vergangenheit entstanden die großen Achsen zumeist auf Initiative der jeweils tonangebenden sozialen Schichten im Rahmen von staatlichen Verfassungen, die nicht unseren heutigen Anschauungen entsprechen. Es soll daher nicht verschwiegen werden, dass die Lasten der Schaffung dieses einzigartigen Kulturerbes allzu häufig auf den Schultern der Bevölkerung lag. Das 20. Jahrhundert hinterließ in unserem Land monumentale Achsen aus dem Dritten Reich und aus der ehemaligen DDR, die ebenfalls zu den schwierigen Hinterlassenschaften der Geschichte gehören. Allen Beispielen gemeinsam ist: Es handelt sich um sprechende Zeugnisse unserer historischen Überlieferung. Sie sind zumeist längst in den Alltag eingebunden oder erfreuen uns als beliebte Ausflugsziele. Wir wünschen unseren Leserinnen und Lesern viel Freude und Genuss beim Betrachten der Luftaufnahmen!

Braunschweig, September 2021
Elmar Arnhold

VORWORT DES LUFTBILDFOTOGRAFEN

Seit ich Mitte der 1990er Jahre mit der Luftbildfotografie begonnen hatte – zunächst amateurhaft, dann zunehmend professioneller – gab es immer wieder Objekte, die mich besonders fesselten, weil sie nur aus der Luft in ihrer Gesamtheit erfassbar sind, nämlich großräumige Sichtachsen in Gärten und Parks oder als urbane Straßenzüge. Mich faszinierte der Gedanke, dass der Schöpfer dieser riesigen geometrischen Anlagen sie ja nie so umfassend gesehen haben kann wie ich. Auch noch so mächtige Herrscher konnten vor Erfindung der ersten Luftschiffe – erst am 15. Oktober 1783 unternahm der Physiker Jean-François Pilâtre de Rozier den ersten bemannten Ballonflug – ihre Werke nie in Gänze bewundern. Die Dankbarkeit über dieses Privileg bewog mich, einem guten Freund, dem Architekturhistoriker Elmar Arnhold, den Vorschlag zu unterbreiten, Bilder dieser topografischen Kunstwerke in Form eines Buchs einer breiteren Öffentlichkeit zu zeigen und durch seine Erläuterungen auch die Geschichte dahinter zu vermitteln.

Das Ergebnis dieser Überlegungen halten Sie nun in Ihren Händen und ich wünsche Ihnen genauso viel Freude an dem Gedanken, dass die Schöpfer des allergrößten Teils dieser Sammlung nie die Möglichkeit hatten, diese Werke so zu sehen wie Sie.

Da ich alle Sichtachsen in gleicher Weise streng axial aufnehmen wollte, war es für mich und meist noch mehr für meine Piloten – ich benutzte ausschließlich einmotorige Kleinflugzeuge – eine Herausforderung, genau den Punkt zu finden, an dem die jeweilige Aufnahme gemacht werden soll. Und zwar sowohl in Entfernung und Höhe als auch im Treffen des genauen Moments der Auslösung, die ja in einem ganz bestimmten Sekundenbruchteil stattfinden musste. Schließlich musste auch das Wetter noch klar und wolkenlos sein. Erst wenn alle diese Parameter genau übereinstimmten, konnte die Aufnahme gelingen. Deshalb gilt an dieser Stelle auch mein herzlicher Dank allen Flugzeugführern, die mich mit Geduld und fliegerischem Können bei dieser Arbeit unterstützt haben.

Schließlich gilt auch unser beider Dank – Elmar Arnholds und meiner – dem Verlag Schnell und Steiner und seinen Mitarbeiterinnen und Mitarbeitern, die sich dem Projekt angenommen und es in der vorliegenden Form umgesetzt haben.

Nürnberg, im Sommer 2021
Hajo Dietz

ZUR EINFÜHRUNG

Eine Sichtachse ist ein Element der Gestaltung von Bauwerken, Siedlungen und Stadtanlagen sowie von Freiräumen wie Gärten und Parks. Die Achsen sind von Bebauung oder Bepflanzung freigehalten, um eine Blickbeziehung zu schaffen und markante Punkte in Stadt oder Landschaft optisch oder durch Wegeverbindungen miteinander zu verknüpfen. Sichtachsen können über kurze Distanzen ausgeprägt sein oder über weite Entfernungen ganze Landschaften bestimmen. Betrachtet man geradlinig geführte Chausseen, Auffahrten vor öffentlichen Gebäuden, Kirchen und Gutshäusern oder städtische Ausfallstraßen, so stößt man allein in Deutschland auf unzählige Beispiele. Damit sind Sichtachsen ein alltäglicher und vertrauter Baustein unserer vom Menschen gestalteten Umwelt.

Das Prinzip, in Gebäuden, Siedlungen und Freiräumen geradlinige Achsen anzulegen, reicht bis in die Anfänge menschlicher Zivilisation zurück. Achsen wurden einerseits geschaffen, um Bauwerke oder Außenräume zu gliedern und zu ordnen. Andererseits hatten sie von Beginn an auch die Aufgabe, Machtansprüche von Herrschern religiöser und profaner Weltanschauungen zu verdeutlichen. Eine Repräsentation von Macht erfolgte nicht nur durch die Existenz von Achsen an sich, sondern auch durch ihre Nutzung für Prozessionen und Aufmärsche. Nicht selten war das Betreten der Achsen den weltlichen Eliten oder geistlichen Würdenträgern vorbehalten. Das Beispiel der Bundeshauptstadt der Vereinigten Staaten von Amerika zeigt, das auch in demokratischen Gesellschaften und Staatswesen nicht auf monumentale Achsensysteme verzichtet wurde: In Washington D.C. entstand nach 1792 eine planmäßig konzipierte Stadtanlage, deren Hauptachse – die zwischen Kapitol und Lincoln Memorial aufgespannte National Mall – zu den weltweit bekanntesten Sichtachsen gehört.

Altertum

Mit der Entwicklung früher Hochkulturen im östlichen Mittelmeerraum sowie im Zweistromland und der Entstehung von Städten sind auch die ersten großzügig angelegten Achsen überliefert. Das antike Ägypten, dessen Blütezeiten sich von ca. 2750 v. Chr. bis um 1000 v. Chr. über mehr als eineinhalb Jahrtausende erstreckten, sind gewaltige Tempelanlagen erhalten. Ihre Grundrissgestaltung erfolgte vielfach mit dominanten Achsen, an denen Torarchitekturen, Höfe und Säulenhallen aufgereiht wurden. Besonders monumental treten die Achsen als Rampen bei Tempeln in Erscheinung, die sich über einer Folge von Terrassen erheben. Als wohl bedeutendstes Beispiel für eine solche Anlage kann der während der 18. Dynastie im 15. Jahrhundert vor Chr. entstandene Totentempel der Hatschepsut gelten. Im Städtebau des ägyptischen Altertums sind Achsenbildungen weniger ausgeprägt. In Theben, das während des Mittleren und Neuen Reiches über mehrere Jahrhunderte als Hauptstadt fungierte, wurde der über regelmäßigen Quartieren aufgebaute Grundriss von einem politischen und religiösen Zentrum dominiert. Dort war eine Abfolge von Kanälen und Teichen auf die Palastanlage ausgerichtet.

Eindeutiger entfaltete sich die Achsenbildung in den Städten des Zweistromlandes Mesopotamien. Hier hatten sich bereits um 5000 v. Chr. erste städtische Siedlungen wie Eridu im heutigen Südirak herausgebildet. Sie bildeten sich als Herrschaftszentren gleichermaßen wie als Stätten religiöser Handlungen heraus. Bekanntestes Beispiel für eine den Stadtgrundriss zentrierenden Achse in Mesopotamien war die Prozessions-Straße in Babylon. Sie führte von Norden in die annähernd rechteckig ummauerte Stadt und verlief entlang der wichtigsten babylonischen Heiligtümer. Auftakt dieser wohl frühesten Prachtstraße der antiken Welt war das im 6. Jahrhundert v. Chr. errichtete Ischtar-Tor, dessen Rekonstruktion im Pergamon-Museum zu Berlin zu besichtigen ist.

Einen Höhepunkt mit nachhaltiger Wirkung in die Zukunft erreichte das Städtewesen im antiken Griechenland. Die Anfänge der griechischen Städte gehen auf das 7. Jahrhundert zurück. Sie waren jeweils Kern eines autonomen Stadtstaates, der Polis. Als Wortstamm ist die Polis noch heute in vielen Sprachen gegenwärtig. Die Poleis waren Keimzellen der im griechischen Altertum entstandenen attischen Demokratie, die in der Regel freilich nur für Männer mit vollen Bürgerrechten galt. Zu den bedeutendsten der viele hundert Beispiele umfassenden Stadtstaaten gehörten neben Athen auch Sparta, Korinth, Theben und Milet. Mit der griechischen Kolonisation wurde das Städtewesen erstmals in weite Teile des Mittelmeerraums und bis an die Küsten des Schwarzen Meeres exportiert. Seit der Zeit um 450 v. Chr. ist eine regelmäßige Anlage der Stadtgrundrisse zu beobachten. Sie wird nach dem griechischen Theotretiker und Städteplaner Hippodamos von Milet als hippodamisches System bezeichnet. Auf ihn ging vermutlich die Neuplanung der Stadt Milet nach ihrer Zerstörung durch die Perser im Jahr 479 v. Chr. zurück. Das auf einer Landzunge in der heutigen Türkei gelegene Milet zeigte einen rasterförmigen Grundriss mit rechteckigen Quartieren. Darin waren die öffentlichen Freiräume wie der Markt (Agora) und weltliche sowie sakrale Bauwerke frei eingebunden. Eine den Stadtkörper bestimmende Achse ist jedoch weder in Milet noch in ebenso geometrisch konzipierten Städten wie Priene und Piräus vorzufinden. Die geradezu modern anmutenden Stadtpläne hatten denn auch eine bis in die Gegenwart anhaltende Wirkung: Im Rahmen der Kolonialisierung durch europäische Mächte sind über regelmäßigen Rastern angelegte Stadtpläne seit dem 16. Jahrhundert in vielen Teilen der Welt verbreitet. Auch in Deutschland finden wir seit der Frühen Neuzeit das Prinzip der über einem Straßenraster errichteten Stadtanlagen oder -erweiterungen, man denke an Mannheim oder die Berliner Friedrichstadt.

Im Römischen Weltreich erlebten die planmäßigen Städtegründungen eine bisher nicht gekannte Verbreitung. Der Übergang zu regelmäßigen Stadtgrundrissen ging hier einerseits auf die etruskische Tradition zurück, andererseits dienten die von den Griechen gegründeten Kolonialstädte in Süditalien als Vorbilder. Wenn die Hauptstadt Rom als »gewachsene Stadt« selbst auch nicht regelmäßig angelegt war, so wurden Stadtneugründungen in den Provinzen überwiegend nach einem festen Planschema aufgebaut. Im Imperium Romanum, das sich während der ersten nachchristlichen Jahrhunderte über den gesamten Mittelmeerraum bis in das heutige Großbritannien und an das Schwarze Meer erstreckte, ließen die Römer unzählige Militärstützpunkte und neue Städte errichten. Mit dem Anlageschema der klassischen Kastelle entstanden gleichzeitig Prototypen für zahlreiche Stadtneugründungen. Die Stadtgrundrisse basierten häufig auf den Planungsprinzipien der Kastelle, sie sind erkennbar an rechteckigen Umrissen und T-förmig aufeinander stoßenden Hauptstraßen: »cardo« (im Kastell »via principalis«) und »decumanus« (»via praetoria«). Der cardo verlief in der Regel in Nord-Süd-Richtung, von dem der decumanus nach Westen hin abzweigte. In einem Kastell markierte der Kreuzungspunkt das Zentrum der Anlage, dort befand sich das Prätorium, der in der Achse des decumanus gelegene Sitz des Oberbefehlshabers. In den zivilen Stadtanlagen beinhaltete das Zentrum ein Forum mit Markt- und Versammlungsplätzen, Basiliken sowie Tempel der wichtigsten römischen Gottheiten. Die städtischen Hauptstraßen bildeten repräsentative Achsen, in deren Blickpunkten außer der Forumsbebauung die mächtigen Toranlagen der Stadtbefestigung standen. Außerhalb der Tore setzten sich die Achsen als Teil des römischen Fernstraßennetzes häufig in schnurgerader Linie fort. In den von Julius Caesar bis um 50 v. Chr. eroberten germanischen Provinzen des römischen Reiches entstanden solche Stadtanlagen mit ihren Achsensystemen erstmals auch auf dem Gebiet des heutigen Deutschland. In Städten wie Trier (Augusta Treverorum), Köln (Colonia Claudia Ara Agrippinensium) und Regensburg (Castra Regina) wurden die Grundrisse im Mittelalter zwar weitgehend überformt, sie scheinen jedoch noch immer durch. In Köln und Regensburg zeichnen sich die Umrisse der römischen Stadtbefestigungen in den größeren mittelalterlichen Stadtkernen noch deutlich ab. Im Geschäftszentrum Kölns verlaufen Breite und Hohe Straße auf den römischen Trassen. In Trier ist die römische Stadtanlage dagegen im Mittelalter geschrumpft, dafür haben sich dort die

Kastell Weißenburg in Bayern
Das seit dem späten 19. Jahrhundert ergrabene Limes-Kastell lässt die typische Struktur eines antik-römischen Militärlagers mit seinen dominanten Straßenachsen erkennen.

eindrucksvollsten Baudenkmäler der Antike auf deutschem Boden erhalten. Simeonstraße und Porta Nigra lassen den cardo der römischen Stadt noch deutlich erkennen.

Aus dem Römischen Reich sind auch die ersten formalen Gartenanlagen überliefert. Wenn auch keine Beispiele erhalten sind, geben Texte römischer Autoren wie Plinius doch eine gewisse Anschauung antik-römischer Gartenkunst. Die Gärten standen zumeist in Zusammenhang mit Landvillen oder den großen Kaiserpalästen auch innerhalb der Hauptstadt. Bauliche Elemente dieser Gärten waren Terrassen, Kanäle und Bassins sowie Säulenhallen, Gartenhäuser und Plastiken. Hanglagen ermöglichten reizvolle Blickbeziehungen in die umgebende Landschaft, so dass vermutlich auch bewusst angelegte Sichtachsen vorhanden waren. Streng achsensymmetrische Gartenanlagen, die mit barocken Schöpfungen vergleichbar wären, existierten in der antik-römischen Gartenkultur jedoch nicht. Die Schilderungen der Gärten des Altertums in den Werken römischer Schriftsteller entfalteten schließlich ihre Wirkung auf die Gartenkunst der Renaissancezeit in Italien.

Mit dem Schwinden der Machtstellung Roms in der Epoche des Übergangs von der Spätantike zum Frühmittelalter seit dem 5. Jahrhundert n. Chr. gingen zahlreiche Errungenschaften der antik-römischen Zivilisation verloren. Dazu zählte insbesondere der Städtebau mit seiner ausgeklügelten Infrastruktur. In den großen römischen Städten im heutigen Deutschland wurde die Bevölkerung in mehreren Schüben besonders nach der Wende zum 5. Jahrhundert durch einwandernde germanische Stämme verdrängt, wobei die Einwohnerzahlen drastisch zurückgingen. In manchen Orten brach die Kontinuität der Besiedlung scheinbar ganz ab.

Mittelalter

Mit der fortschreitenden Christianisierung in den römischen Provinzen waren seit dem 4. Jahrhundert auch im linksrheinischen Germanien die ersten Bischofssitze entstanden – so in Köln und Trier. Mit dem Christentum trat ein neuer Kulturträger

Neubrandenburg
Der Stadtkern ist ein Paradebeispiel für eine mittelalterliche Gründungsstadt mit regelmäßigem Straßennetz. Die Hauptachsen führen auf die Stadttore.

auf den Plan. Nach der Taufe des Merowingerkönigs Chlodwig (um/nach 496) wurde das Christentum gewissermaßen auch zur Staatsreligion des Fränkischen Reiches erhoben. Unter Karl dem Großen, dessen im Jahr 800 vollzogene Kaiserkrönung in Rom die Verbindung von weltlicher und geistlicher Macht (Kaisertum und Papsttum) manifestierte, umfasste dieses Reich einen Großteil Westeuropas und schob seine Grenzen bis an die Elbe vor. Nach den Teilungen des Karolingerreiches entstand auf dem Gebiet des ostfränkischen Reichs im 10. Jahrhundert das später als »Heiliges Römisches Reich Deutscher Nation« bezeichnete Staatsgebilde. Dort errichteten weltliche Herrscher und geistliche Würdenträger Pfalzen und Burgen, neue Bischofssitze sowie eine Vielzahl von Klosteranlagen. Im Umfeld von Bischofs- und Herrschersitzen, Klöstern und an Handelsniederlassungen entstanden seit dem 11. und 12. Jahrhundert die mittelalterlichen Städte.

Während Pläne mittelalterlicher Stadtanlagen nicht überliefert sind, gibt der berühmte, um 820 entstandene Klosterplan von St. Gallen Einblick in die räumliche Organisation einer Benediktinerabtei der Karolingerzeit. Dieser Plan wurde womöglich nicht für ein konkretes Beispiel gefertigt, sondern diente gleichsam als Mustervorlage für die Anlage großer Klosteranlagen. Hier bildet die in Ost-West-Richtung angeordnete Abteikirche mit Zuweg und Torhaus im Westen und einer ostseitig angefügten Kapelle mit seitlichen Kreuzgängen eine eindeutige, wenn auch asymmetrisch im Gesamtplan angeordnete Achse. Anhand erhaltener Abteien sind Beispiele für solche Achsenbeziehungen nachweisbar. So waren die noch vorhandene Torhalle und der Kirchenbau des Klosters Lorsch mit seinem Vorbereich (Paradies) axial aufeinander ausgerichtet. Auch in der ehemaligen Reichsabtei Corvey weist die Situierung des karolingischen Westwerks auf eine ursprünglich wohl ähnliche Achsenbeziehung hin, die heutige Hauptachse mit dem Zugang zur Klosteranlage geht auf die Barockzeit zurück.

Der Bezug auf die antik-römische Vergangenheit wird in der »Karolingischen Renaissance« auch anhand von Pfalzanlagen wie in Aachen und Ingelheim sichtbar. Weiträumig wirkende Sichtachsen sucht man hier jedoch vergeblich. Auch das ursprüngliche Gegenüber des Kaiserhauses und der 1050 geweihten Stiftskirche in Goslar (1819 abgebrochen) ist zwar das Ergebnis einer außerordentlich großzügigen Planung, die Sichtachse war hier jedoch lediglich zwischen Palas und Westbau des Kirchenbaus wirksam. Als die Machtfülle der Könige und Kaiser mit den Herrschern aus dem Geschlecht der Salier im 11. Jahrhundert einen Gipfelpunkt erreichte, entstanden die wohl markantesten Sichtachsen des deutschen Mittelalters: In Speyer und Würzburg zielen die Hauptstraßen auf die dortigen Domkirchen und bilden die konstituierenden Rückgrate der Stadtgrundrisse. Es handelt sich jedoch nicht um schnurgerade geführte Achsen, wie wir sie aus der römischen Antike oder aus neuzeitlichen Städten kennen. Die Straßenwandungen zeigen leichte Biegungen sowie Vor- und Rücksprünge in der Bebauung, wobei die ursprüngliche Konzeption möglicherweise im Laufe der Zeit überformt wurde. Eine ähnliche Achsenbildung existierte in der thüringischen Königspfalz und Reichsstadt Mühlhausen: Die breite Einzugstraße zwischen dem dortigen Frauentor und der Marienkirche ist jedoch schon im 12./13. Jahrhundert durch eine nachträgliche Bebauung in zwei Straßenzüge geteilt worden.

Die mittelalterlichen Städte lassen sich grundsätzlich in die Kategorien der »gewachsenen« und »geplanten« Städte einordnen, wobei einzelne Orte aufgrund von Stadterweiterungen Elemente beider Grundrissformen aufweisen können. Die unregelmäßig erscheinenden Grundrisse treten überwiegend in den älteren Städten West- und Süddeutschlands in Erscheinung, während die vermehrt seit dem 12. Jahrhundert erfolgten Stadtneugründungen fast ausschließlich mit regelmäßigen Grundrissen angelegt sind. Besonders östlich der Elbe entstanden im Rahmen der Kolonisation während des 13. Jahrhunderts Planstädte mit annähernd rechteckigen Grundrissen und rasterförmigen Straßennetzen. Sichtachsen sind sowohl in den gewachsenen als auch in den planmäßig errichteten Stadtanlagen anzutreffen. So verlaufen im bayrisch-schwäbischen Nördlingen sämtliche Torstraßen in die Stadtmitte und haben den Turm der Stadtkirche St. Georg im Blickfeld. Keine dieser Straßen jedoch verläuft geradlinig, so dass von einer bewussten Inszenierung des Blickpunktes zur Entstehungszeit des Straßennetzes in Nördlingen nicht ausgegangen werden kann – der Turm des Kirchenbaus wurde erst im 16. Jahrhundert vollendet. Mehr oder weniger geradlinig auf die Turmwerke von Sakralbauten zielende Straßenzüge sind in den mittelalterlichen Städten häufiger zu beobachten und gehörten zu den eindrucksvollsten Stadtbildern – man denke an die Rue Mercière vor dem Westbau des Straßburger Münsters oder die Karolinenstraße mit St. Lorenz in Nürnberg.

In den rechtwinkligen Straßenrastern der Planstädte treten Sichtachsen dann in größerer Klarheit in Erscheinung. Als Beispiel seien hier die Torstraßen im mecklenburgischen Neubrandenburg genannt. Das außerordentlich regelmäßig angelegte Straßenraster der 1248 gegründeten Stadt schafft Blickbeziehungen, die sich über den gesamten Stadtgrundriss innerhalb der hervorragend erhaltenen Befestigungsanlagen erstrecken. Die mit höchstem Aufwand gestalteten Stadttore wurden bewusst als Blickpunkte der langen Straßenachsen konzipiert. Stadtkirche und Markt werden in Neubrandenburg – wie in den meisten planmäßig angelegten mittelalterlichen Städten – von den Hauptstraßen lediglich tangiert und stehen somit nicht im Blickpunkt einer Achse. Weitere und den Stadtkörper dominierende Achsen zeigen die langgestreckten Straßenmärkte bayrischer Städte, in deren Blickpunkt ebenfalls Stadttore oder die Türme der inmitten der Platzanlagen errichteten Rathäuser stehen. Die Maximilianstraße, die Prachtstraße der alten Reichsstadt Augsburg, bietet einen eindrucksvollen Prospekt auf die großartige spätgotische Kirche St. Ulrich und Afra. Der Straßenzug war jedoch bis zum Beginn des 19. Jahrhunderts durch eine schmale Häuserzeile geteilt. In Landshut schiebt sich der 133 Meter hohe Turm der Stadtkirche St. Martin in den eindrucksvollen Straßenraum der sanft geschwungenen Altstadt. Der Turm lenkt die Sichtachse gleichsam um von der Horizontalen in die Vertikale und verleiht dem Ensemble eine betont transzendente Komponente.

Prinzipiell kann man die mittelalterlichen Gründungsstädte mit ihren regelmäßigen Straßennetzen und rechteckig gefassten Marktplätzen mit den Planstädten der griechischen Antike vergleichen. Ein Einfluss des hippodamischen Systems auf den mitteleuropäischen Städtebau des 13. Jahrhunderts ist jedoch in jedem Fall auszuschließen. Eher ist davon auszugehen, dass praktische und ästhetische Erwägungen zu verschiedenen Zeiten und an unterschiedlichen Orten zu gleichartigen Lösungen führten. Zusammenfassend ist festzustellen, dass repräsentative und über weite Distanzen wirksame Achsenbildungen in der mittelalterlichen Architektur und Stadtplanung eher als Ausnahmen in Erscheinung treten. Aufgrund der politischen Strukturen im Heiligen Römischen Reich, wo über lange Zeit keine festen Königsresidenzen existierten und die Territorialherren auf Burgen lebten, konnte es hier kaum zur Errichtung von monumentalen Achsen zur Inszenierung weltlicher Macht kommen. Keine der aus dem mittelalterlichen Städtebau überlieferten Sichtachsen lässt sich mit den Planungen in der Epoche des fürstlichen Absolutismus im 17. und 18. Jahrhundert vergleichen.

Auch im Mittelalter zählten gepflegte Gartenanlagen zur Ausstattung von Klöstern, Herrschersitzen und vorstädtischen Refugien führender Patrizierfamilien; den Umfang antik-römischer oder neuzeitlicher Gärten erreichten sie jedoch nie. Zudem fungierten sie in erster Linie als Nutzgärten, die – wie der St. Galler Klosterplan verdeutlicht – regelmäßig angelegt sein konnten. Die Gärten der Adligen und betuchter Bürger dienten jedoch auch zur Zerstreuung und können als Vorläufer der späteren Lustgärten angesehen werden. Ihre Gestalt ist anhand zeitgenössischer Darstellungen in der Tafelmalerei zwar nicht in konkreten Beispielen überliefert, die Bilder zeigen jedoch neben Blumen- und Baumgärten auch Anlagen mit regelmäßigen Quartieren und Brunnen.

Renaissance

Seit dem 15. Jahrhundert brachten in Italien neue Strömungen in Literatur und Kunst sowie in Architektur und Städtebau einen nachhaltigen kulturellen Wandel. Sie bildeten den Auftakt zur Renaissance, welche gleichzeitig den Beginn der Neuzeit einläutete. Ein neues Weltbild definierte den Menschen nicht mehr nur als Teil der christlichen Gemeinschaft, sondern ließ seine Eigenschaft als Individuum in den Vordergrund treten. Auf dieser Grundlage bildete sich auch ein neues Selbstverständnis der Herrschenden. Auf dem Programm von Humanisten, Künstlern und Baumeistern stand die Aneignung und Rezeption des klassisch-antiken Erbes. Man studierte die Werke antiker Schriftsteller und wandte sich den materiellen Hinterlassenschaften des römischen Weltreiches zu. Auf dem Gebiet der Baukunst galt die Aufmerksamkeit besonders dem einzigen aus der Antike überlieferten Architekturtraktat: »die Zehn Bücher über Architektur« des Marcus Vitruvius Pollio (Vitruv) aus dem 1. vorchristlichen Jahrhundert. Architekten wie Bramante, Raffael und Palladio machten sich mit den Monumenten des Altertums vertraut und unternahmen erste Bauaufnahmen – eine Geburtsstunde der historischen Bauforschung und der Denkmalpflege. Das Studium Vitruvs und die neue Sicht auf das antik-römische Erbe ließ eine Reihe von Architekturtraktaten entstehen. Die wichtigsten dieser Werke, so die Veröffentlichungen von Andrea Palladio und Sebastiano Serlio, waren seit dem 16. Jahrhundert in ganz Europa verbreitet.

Architekturtheoretiker befassten sich auch mit städtebaulichen Fragen und entwarfen Idealstädte. Diese Stadtentwürfe erhielten einen zumeist quadratischen oder regelmäßig-polygonalen Grundriss und waren auf ihre Mitte zentriert. Dies entsprach der während der Renaissancezeit bevorzugten Konzeption von Zentralbauten in der Architektur. Ein bedeutender Faktor war die Ausrichtung idealer Stadtanlagen auf ihre Verteidigungsfähigkeit. Mit dem Aufkommen der Feuerwaffen erwiesen sich die herkömmlichen Stadtmauern als nicht mehr zeitgemäß. Immer ausgeklügeltere Bastionierungssysteme beeinflussten den Städtebau und besonders auch die Entwürfe von Idealstädten. Letztlich entstanden zahlreiche der regelmäßig angelegten Stadtneugründungen oder -erweiterungen im 16. und 17. Jahrhundert als Festungsstädte. Schon der früheste Idealstadtentwurf der Renaissance, das von dem italienischen Architekten Filarete in den 1460er Jahren erdachte Sforzinda, erhielt einen sternförmigen Grundriss mit entsprechenden Befestigungsanlagen. Sforzinda war ein Gedankenspiel, das nicht zur konkreten Ausführung bestimmt war. Das gegen Ende des 16. Jahrhundert als venezianische Festungsstadt bei Udine angelegte Palmanova zeigt mit dem polygonalen Umriss gewisse Ähnlichkeiten zur Idealstadt Filaretes. In den zentralisierten Stadtgrundrissen existieren keine dominanten Sichtachsen, sondern ein an die Plangeometrie angepasstes Achsensystem gleicher Hierarchie.

Nördlich der Alpen wurden die Neuerungen aus dem Süden mit Verzögerung aufgenommen. Einen wichtigen Beitrag zur Städtebautheorie leistete die 1527 erschienene Befestigungslehre Albrecht Dürers: »Etliche vnderricht, zu befestigung der Stett, Schloß vnd Flecken«. Dort ist ein auf quadratischem Grundriss basierender Idealstadtentwurf beschrieben und abgebildet, der schließlich als Vorbild für die bedeutendste in Deutschland errichtete Planstadt dieser Epoche diente: Freudenstadt. Die 1599 von Herzog Friedrich I. von Württemberg im Schwarzwald gegründete Stadt basierte zwar auf Plänen des Baumeisters Heinrich Schickhard, weist jedoch große Ähnlichkeit zum Idealentwurf Dürers auf. Inmitten der quadratisch angelegten Stadt befindet sich ein weiträumiger und ebenso quadratischer Marktplatz, auf dem ursprünglich der Bau einer diagonal gestellten vierflügligen Schlossanlage vorgesehen war. Auch diese Idealstadt zeigt aufgrund ihrer Geometrie keine dominante Achsenbildung. Freudenstadt ist jedoch ein frühes Beispiel für die Einflussnahme der während des 16. Jahrhunderts erstarkten deutschen Territorialfürsten auf Architektur und Städtebau. Diese Entwicklung sollte einige Generationen später in einer Fülle groß angelegter Planungen für neue Residenzen mit gewaltigen Schloss- und Gartenanlagen und umfassenden Achsensystemen gipfeln. Weitere Beispiele für Renaissancestädte in Deutschland sind unter anderem die erste Anlage von Mannheim, die Neustadt von Hanau, Glückstadt an der Elbe, das nordfriesische Friedrichstadt und Wolfenbüttel. Die langen Straßenachsen in Wolfenbüttel zielen zwar fächerförmig auf den ursprünglich eigenständig befestigten Residenzbereich, Sichtachsen zur dortigen Schlossanlage existieren hier jedoch nicht.

In der Renaissancezeit erlebte auch die Gartenkunst eine neue Blüte. Nachdem zunächst in Italien und in Frankreich ausgedehnte Renaissancegärten entstanden waren, ließen auch die Landesfürsten im Deutschen Reich im Umfeld ihrer Residenzen seit dem späten 16. Jahrhundert größere Lustgärten errichten. Ihre Inspirationen beschafften sie sich durch Reisen, über bildliche Darstellungen berühmter Gärten und mit der Lektüre von Schriften, die sich mit Gartenkunst beschäftigten. Die formalen Gärten des 16. und frühen 17. Jahrhunderts wiesen in der Regel Grundrisse aus quadratischen und mit Hecken eingegrenzten Quartieren auf. In den Quartieren existierten ornamentale Bepflanzungen vorwiegend in knotenförmiger Gestaltung (Knotenparterres). Weitere Elemente waren Terrassenanlagen, Wasserspiele, Brunnen, Kanäle sowie künstliche Grotten und Lusthäuser. Das Wegenetz innerhalb der zumeist rechteckig, häufig aber auch den topographischen Gegebenheiten entsprechend unregelmäßig umrissenen Gärten, wies keine dominierenden Achsenbildungen auf. Solche Gartenanlagen waren demnach »richtungslos« auf sich selbst bezogen. Obwohl sie den Schlössern oder Lusthäusern zugeordnet waren, existierten keine axialen Verbindungen zwischen Bauwerken und Gärten. Die Beziehungen zwischen Schloss und Garten waren durch einen additiven Charakter gekennzeichnet. Dies gilt besonders für Lustgärten, die neben innerstädtischen Residenzen außerhalb der Stadtbefestigungen angelegt wurden. Nicht selten waren Schlösser und Gartenparterres jeweils von eigenen Wassergräben umgeben und damit betont voneinander separiert.

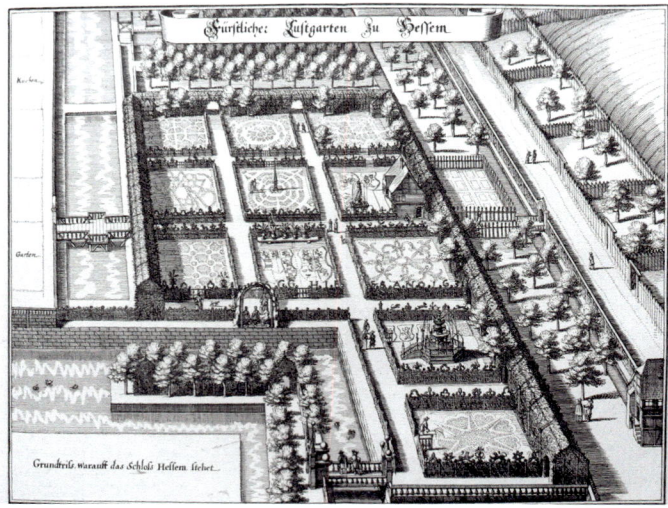

Schloss Hessen, Landkreis Harz, Renaissancegarten
Der Merian-Stich aus dem Jahr 1654 zeigt die heute nicht mehr vorhandene Gartenanlage mit quadratischen Quartieren ohne dominierende Achsenbildung.

Gartenanlagen aus der Renaissancezeit haben sich auf deutschem Boden im ursprünglichen Zustand nicht erhalten. Anhand von Schrift- und Bildquellen sind jedoch zahlreiche Beispiele landesherrlicher Gärten und Anlagen des Landadels überliefert. Auch das Bürgertum ließ außerhalb der Stadtmauern Anwesen mit Zier- und Nutzgärten sowie Gartenhäusern errichten. Zu den bedeutendsten Renaissancegärten gehörten neben dem berühmten Hortus Palatinus in Heidelberg die Anlagen in Kassel und Stuttgart, der Münchner Hofgarten, der Berliner Lustgarten, Schmalkalden in Thüringen, Köthen in Anhalt und Hessen (Braunschweig-Wolfenbüttel).

Barock

In Deutschland brachte der Dreißigjährige Krieg (1618–1648) einen gravierenden Einschnitt. Architektur, Städtebau und Gartenkunst waren in besonderem Maße von Kriegswirren und wirtschaftlichem Niedergang betroffen. Befanden sich nach dem Westfälischen Frieden auch große Teile des Landes in einem Zustand starker Zerrüttung und waren in einigen Regionen furchtbare Bevölkerungsverluste zu beklagen, so kann trotz allem nicht von einer »Stunde Null« ausgegangen werden. Allerdings wurde Mitteleuropa weiterhin von zahlreichen Kriegen überzogen, von denen der Pfälzische Erbfolgekrieg (1688–1697) die schwerwiegendsten Auswirkungen hatte. Der Wiederaufbau ging daher nach 1648 in unterschiedlichen Geschwindigkeiten vonstatten und mündete schließlich in einer neuen und sowohl quantitativ als auch qualitativ hochproduktiven Blütezeit der Bau- und Gartenkunst. Der Westfälische Frieden brachte für die Territorialfürsten im Deutschen Reich eine weitere Stärkung ihrer Machtstellung. Formal weiterhin dem Kaiser unterstellt, regierten sie als fast souveräne Landesherren und schränkten die Befugnisse der Ständevertretungen ein. Am Ende des 17. Jahrhunderts hatten sich die Prinzipien absolutistischer Regierungen in großen Teilen Europas und damit auch im deutschsprachigen Raum weitgehend durchgesetzt. Vorreiter war das gestärkt aus den vergangenen Kriegen hervorgegangene Frankreich unter dem »Sonnenkönig« Ludwig XIV. Dieser Monarch übte als Herrscher und als Bauherr einen nicht hoch genug einzuschätzenden Einfluss auf seine Zeitgenossen und besonders auch auf die deutschen Landesfürsten und geistlichen Würdenträger aus. Seine neue Residenz in Versailles wurde zum Referenzobjekt der Regenten des Ancien Régime in ganz Europa.

Das Heilige Römische Reich Deutscher Nation bestand im 18. Jahrhundert aus mehr als 300 Territorien. Dazu zählten neben den seinerzeit neun Kurfürstentümern (die Kurfürsten hatten das Privileg der Kaiserwahl): Herzogtümer, Fürstentümer, Grafschaften, Fürstbistümer, Reichs- und Fürstabteien sowie kleine Reichsritterschaften und nicht zuletzt die Freien Reichsstädte. Zu den größeren Ländern gehörten im Westen das Erzbistum und Kurfürstentum Trier, das Herzogtum Jülich-Berg, das Fürstbistum Münster und die Kurpfalz; im Süden das Herzogtum Württemberg, das Bistum Würzburg, das Kurfürstentum Bayern und – im heutigen Österreich – die Habsburgischen Länder und das Erzbistum Salzburg; in der Mitte die Landgrafschaften Hessen-Kassel und Hessen-Darmstadt; im Norden das Kurfürstentum Hannover, Holstein und die Mecklenburgischen Herzogtümer sowie im Osten die Kurfürstentümer Brandenburg (später Königreich Preußen) und Sachsen. Außerhalb der Grenzen der heutigen Bundesrepublik lagen das Königreich Böhmen, Schlesien und Pommern. Neben den größeren Staaten existierten Regionen mit eng verwobenen Kleinstaaten, besonders im Südwesten und im heutigen Thüringen. Die Darstellung des staatlichen Gefüges im damaligen Deutschen Reich lässt erkennen, warum hier eine sonst nirgends vorzufindene Fülle historischer Regierungssitze mit Residenz- und Nebenschlössern, Gartenanlagen sowie absolutistischen Stadtneugründungen existiert. Auch die Potentaten kleinster Territorien eiferten den großen Vorbildern nach.

Das Zeitalter des Absolutismus deckt sich in der Kunstgeschichte im Großen und Ganzen mit der Epoche des Barock. Architektur und Städtebau wurden in bisher nicht bekanntem Ausmaß zum bevorzugten Mittel der Repräsentation weltlicher Herrscher und geistlicher Würdenträger. Nun entstanden riesige Schlossanlagen mit weit in die Landschaft ausgreifenden Gärten, ganze Residenzstädte wurden neu gegründet sowie bestehende Orte erweitert und überplant. Als sich die deutschen Territorien nach den Schrecken des Dreißigjährigen Krieges erholt hatten, griff auch hier der »Bauwurm« um sich. Landesfürsten, Bischöfe und Äbte großer Klöster konkurrierten untereinander und orientierten sich an Versailles oder an der Bautätigkeit am Kaiserhof in Wien. Seit der römischen Antike waren in Europa keine Palast- und Gartenanlagen dieses Ausmaßes entstanden. In der Rezeption der Bauherren spielte das antike Erbe eine überragende Rolle. Die in ihren Schlössern und Gärten mit Plastiken sowie Wand- und Gewölbemalereien inszenierten Bildprogramme thematisieren bevorzugt Episoden aus der Geschichte des Altertums und der antiken Mythologie. Damit stellten sich die Herrscher und ihre Geschlechter in Beziehung zur antiken Welt und leiteten gar ihre eigenen Wurzeln von berühmten Gestalten des klassischen Altertums her. In barocken Schloss- und Gartenanlagen sind noch heute ausgeklügelte ikonografische Programme zu studieren.

In der Schlossbaukunst vollzog sich im Laufe des 17. Jahrhunderts ein Wandel von der geschlossenen Vierflügelanlage – dem Ideal der Renaissancezeit – zur offenen Dreiflügelanlage mit Ehrenhof. Dies entsprach der allgemeinen Tendenz des Barock zu gerichteten und dynamisch konzipierten Architekturen, wobei der Zentralbaugedanke der Renaissance nicht aufgegeben wurde. Ruhen die Bauten der italienischen Renaissance in sich selbst, so verkörpert Barockarchitektur Bewegung und rhytmisierten Raum. So wurden die seitlichen Flügelbauten der Schlossanlagen sowohl im Grundriss als auch in ihrer Höhe gestaffelt, um die Wirkung des repräsentativen Hauptbaus (Corps de Logis) zu steigern. Eine Variante ist die Anlage mit Pavillons, die freistehend oder locker über Galerien an den Hauptbau angefügt sind. Im Umfeld der Schlösser entstanden – immer in die übergreifende Ordnung eingefügt – weitere Residenzbauten wie Hofkirchen, Kanzleien, Marställe und Wirtschaftsgebäude. Einen wichtigen Rang nahmen die Orangerien ein, sie waren oft mit eigenen Gartenparterres ausgestattet und dienten im Sommer auch als Festsäle.

Die hierarchische Gestaltung von Gebäudekomplexen wie Schloss- und Klosteranlagen stand in engster Verbindung mit der Schaffung weiträumig angelegter Sichtachsen. Sie wurden zu einem der wichtigsten Elemente der Schlösser und Gärten, Stadtneugründungen und ganzer Residenzlandschaften. Brennpunkte der Achsensysteme waren die Mittelbauten der Schlossanlagen, wo die Fest- und Staatsräume nach einem strengen Hofzeremoniell angeordnet waren. Eine sinnbildliche Unterwerfung sowohl der Gesellschaft als auch der Natur unter den Herrscherwillen: Der Staat, das bin ich (König Ludwig XIV. von Frankreich).

Im Städtebau geriet die Anlage von Achsensystemen zur Neugliederung der Stadt Rom zu einem Vorbild für die späteren barocken Planungen auch in Mittel- und Nordeuropa. Die von Papst Sixtus V. im späten 16. Jahrhundert initiierte Anlage neuer Straßenachsen sollte die berühmten Pilgerkirchen miteinander verknüpfen und damit auch die noch unbebauten Gebiete innerhalb der römischen Stadtmauern erschließen. Der von der Piazza del Popolo ausgehende Straßendreistrahl wurde zu einem vielzitierten Vorbild für den neuzeitlichen Städtebau. Das Motiv wurde in der Stadtanlage von Versailles übernommen und findet sich in Deutschland in Rastatt sowie in der Berliner Friedrichstadt. Während die Friedrichstadt ab 1688 als Erweiterung der brandenburgischen Hauptstadt Berlin entstanden ist, gehört Rastatt zu den völlig neu auf dem Reißbrett angelegten Residenzorten. Die Beweggründe für die Neugründung von Residenzstädten auf quasi jungfräulichem Terrain waren so vielfältig wie ihre Gestaltung. Häufig verlegten die Fürsten ihren Regierungssitz von den älteren Stadtschlössern, die nicht selten auf mittelalterliche Burganlagen zurückgingen, aufgrund der dort vorzufindenden beengten Verhältnisse. Bisherige Höhenlagen wurden zugunsten einer ausbaufähigen Lage in der Ebene aufgegeben – als Beispiel ist die Verlegung der kurpfälzischen

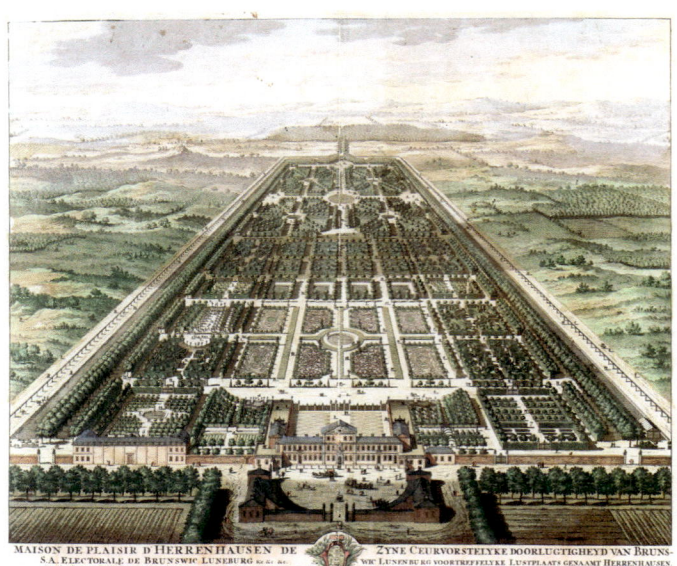

Hannover-Herrenhausen, Großer Garten
Der kolorierte Kupferstich von 1708 zeigt den Barockgarten in einer eindrucksvollen Vogelperspektive.

Residenz von Heidelberg nach Mannheim zu nennen. Bisweilen führten auch Kriegsereignisse zur Verlegung von Regierungssitzen. Nicht zuletzt bevorzugten manche Fürsten eine Residenz außerhalb der Hauptstädte, da dort nicht selten ein alteingesessenes Bürgertum seine angestammten Rechte behauptete.

In den neuen Residenzstädten konnten die Konzepte absolutistischer Stadtplanung ohne Rücksichtnahme auf vorhandene Bebauungen und Besitzverhältnisse verwirklicht werden – es entstanden Idealstädte mit einer restlos auf die Bedürfnisse der Herrschaft abgestimmten Bebauungs- und Sozialstruktur. Die Wohnbebauung erfolgte zumeist mit Typenhäusern, deren Entwürfe von den Hof- oder Landbaumeistern stammten. An Stelle nicht mehr zeitgemäßer Schlossanlagen war nun die Errichtung moderner Residenzen mit weiträumigen Gartenparterres und Achsenbildungen möglich. Eine Ausrichtung der Stadtgrundrisse auf die Schlösser erschien jedoch nicht zwingend. So stehen neben den zentralisierten Stadtanlagen von Karslruhe, Mannheim und Oranienbaum die Beispiele Ludwigsburg oder Ludwigslust, wo die Stadtquartiere ihren Platz neben den Residenzen fanden. Auch Potsdam, dessen älterer Kern im 17./18. Jahrhundert durch Ausbau und Erweiterung völlig überformt wurde, weist eine dezentrale Lage des Residenzschlosses auf.

Die fürstlich initiierten Stadtanlagen zeigen eine außerordentliche Vielfalt. Einzigartig ist das letztlich auf einer Kreisgeometrie basierende Karlsruhe, dessen Mittelpunkt der Schlossturm bildet. Die fächerförmige Stadtanlage umfasst einen Kreissektor und ist damit auf die Schlossanlage ausgerichtet. Mannheim, die Stadt der Quadrate, schließt mit einem weiten Halbkreisbogen ab. Andere Stadtanlagen zeigen keinen klar umrissenen Grundriss und sind topografischen Gegebenheiten angepasst (Arolsen, Ludwigslust). Neben den Residenzen entstanden auch reine Festungsstädte, deren kompakte Grundrisse von den rechteckigen oder polygonalen Verteidigungsanlagen vorgegeben wurden. In sämtlichen Planstädten dieser Epoche spielen Sichtachsen jedoch eine mehr oder weniger zentrale Rolle. Achsen wurden schließlich zur Strukturierung ganzer Landschaften angelegt und verknüpften Residenzstädte mit außerhalb gelegenen Lustschlössern und Jagdquartieren. Für die Jagd entstanden sternförmige Sichtschneisen und Wegenetze, die ihren Ausdruck auch in entsprechenden Bauwerken fanden: Das Jagdschloss Clemenswerth im Emsland übersetzt mit seinem Zentralbau und den acht Pavillons einen solchen Stern in Architektur. Die Anfänge der barocken Gartenkunst und einer übergreifenden Landschaftsgestaltung mit Sichtachsen sind in Deutschland 1637 mit der Anlage des »Neuen Werkes« bei Schloss Gottorf in Schleswig und ab 1653 im ehemaligen Herzogtum Kleve zu lokalisieren. Letztere gehen auf den dortigen Statthalter Johann Moritz von Nassau-Siegen zurück, dessen enge verwandtschaftliche Beziehung zum Haus der Oranier in die Niederlande verweist. Von hier übernahm sie der Große Kurfürst von Brandenburg, der in Berlin bereits 1647 die Linden angelegt hatte. Die Niederlande waren neben Frankreich Vorreiter in der Gartenkunst und Landschaftsgestaltung des 17. Jahrhunderts. Bis in die Zeit um 1750 entstanden nun im Umfeld zahlreicher Residenzen Achsensysteme und Sichtschneisen und bildeten Gerüste weiträumiger Residenzlandschaften. Sie sind trotz der Verstädterung seit dem 19. Jahrhundert zum Teil bis heute wirksam.

Herausragende Elemente einer solchen Residenzlandschaft waren die Gartenanlagen. Barocke Gartenkunst beruhte wie diejenige der Renaissancezeit überwiegend auf geometrischen Grundprinzipien. An Stelle von Gartenparterres mit festen Umrissen und gleichmäßig angelegten Wegenetzen traten nun Anlagen mit eindeutigen Hierarchien und unmittelbarer Beziehung zur Architektur. Eine bedeutende Neuerung waren Sichtschneisen, welche die Achsen über die eigentlichen Gartengrenzen hinaus optisch verlängerten und damit bis an den Horizont reichende Perspektiven eröffneten. Die Perspektive erhielt insgesamt einen herausragenden Stellenwert für die Konzeption barocker Gartenanlagen. In diesem Zusammenhang spielte auch der Standort des Betrachters eine wichtige Rolle: Entstanden die meisten Barockgärten auch in der Ebene, so wurden sie auf einen Blick von erhöhten Positionen ausgerichtet. Dieser erfolgte in der Realität zumeist aus den obergeschossigen Festsälen der Schlösser oder natürlichen Erhebungen, die vielfach mit großem Geschick in die Gartenarchitektur einbezogen wurden. Selbst die Geometrie der Gartenparterres wurde auf die Perspektive bezogen, indem man weiter entfernte Quartiere streckte. In der bildlichen Präsentation der Gärten bevorzugte man damals schon eine Vogelperspektive, in der Schlösser und Gärten als Gesamtanlage sichtbar wurden. In diesen Gesamtanlagen offenbarte sich schließlich die Absicht, Gartenkunst, Architektur und Plastik als Gesamtkunstwerke zu inszenieren: In keiner Epoche spielten die verschiedenen Kunstgattungen so virtuos ineinander wie im Barock – dies gilt auch für die Einbeziehung der darstellenden Künste: Musik und Theater gehörten wie das Feuerwerk zum selbstverständlichen Repertoire fürstlicher Inszenierung.

Die wesentlichen Elemente barocker Gärten sind die vor der Schlossterrasse angelegten Broderieparterres und die darauf folgenden Boskettzonen. Als Broderien (frz. Broderie = Stickerei) bezeichnet man die von niedrigen Hecken eingefassten und ornamental bepflanzten Schmuckbeete, die in ihrer Mitte häufig mit aufwendig gestalteten Fontänen ausgestattet sind. In den Boskettbereichen befinden sich geometrisch beschnittene hohe Hecken und Gebüsche, welche Rasenflächen oder baumbestandene Quartiere einfassen. Die von den Hecken umgebenen »Freiluftsäle« boten im Sommer schattige Orte für die Hofgesellschaften. Zwischen Broderieparterres und Bosketten sind häufig flache Wasserbecken angelegt. Nicht selten werden die Gartenanlagen von Kanälen umgeben und strukturiert, wobei sich Kanäle außerhalb der Parterres über weite Strecken entlang von Sichtschneisen erstrecken können. Diese sind bisweilen fächerförmig angeordnet – eine Entsprechung des Dreistrahls im Städtebau. Weitere Elemente barocker Gärten sind Freilufttheater mit gestaffelten Bühnenprospekten, Irrgärten und erhöhte Terrassen für den Überblick. Entscheidende Bestandteile der Gestaltung sind Wasserspiele und Gartenplastiken, zumal sie als Träger ikonografischer Programme in Erscheinung treten.

Vorbilder der in Deutschland realisierten Barockgärten waren die stilbildenden Anlagen Frankreichs und der Niederlande. In vorderer Linie stehen hier die von André Le Nôtre angelegten Prachtgärten in Vaux-le-Vicomte und besonders in Versailles. Eine bedeutende Wirkung hatte auch das ehemalige niederländische Königsschloss Het Loo bei Apeldoorn. So vielfältig aber die Landkarte im Deutschen Reich beschaffen war, so vielfältig zeigen sich noch heute die eigenständigen Leistungen auf dem Gebiet der Gartenkunst. Die individuellsten Gärten entstanden im Umfeld von Lustschlössern, die für einen ungestörten Aufenthalt abseits der großen Residenzen als Rückzugsorte ohne Öffentlichkeit entstanden. Man richte den Blick auf Sanssouci oder Schwetzingen, um die Bandbreite verschiedener und auf höchstem Niveau realisierter Lösungen aufzuzeigen.

Da Gartenanlagen mit einfacheren Mitteln zu verändern waren als Bauwerke, sind in Deutschland die meisten Barockgärten seit dem späten 18. Jahrhundert zu Landschaftsparks umgestaltet worden. Dabei blieben konstituierende Achsensysteme jedoch zumeist erhalten. Die heute in Deutschland zu besichtigenden Barockgärten wurden vielfach erst im 20. Jahrhundert nach historischen Plänen rekonstruiert, so in Hannover-Herrenhausen und in Berlin-Charlottenburg. Der Umschwung zur Abkehr von streng geometrischen Gestaltungen erfolgte zuerst in England, wo bereits in der 1. Hälfte des 18. Jahrhunderts Landschaftsgärten entstanden – so ab 1718 die berühmten Stowe Landscape Gardens. Zeitlich und kulturhistorisch stehen die landschaftlich gestalteten Gartenanlagen im Zusammenhang mit der Epoche der Aufklärung. Auch Landschaftsparks sind durchgehend nach künstlerischen Gesichtspunkten gestaltet, erwecken jedoch den Eindruck natürlichen Wachstums. An Stelle ornamentaler Bepflanzungen mit rechtwinkligen Wegenetzen treten Rasenflächen mit geschlängelten Wegen, natürlich erscheinenden Gewässern sowie nach malerischen Gesichtspunkten platzierten Bäumen und Baumgruppen. Die Wegeführung ist auf stimmige Perspektiven mit Überraschungsmomenten ausgelegt, wobei Staffagebauten wie offene Rundtempel und Denkmäler in Erscheinung treten. Hier nun erhielten Sichtachsen eine völlig neue Bedeutung: Sie schaffen quer durch die Parks wirksame Blickpunkte, ohne dass diese durch Wege oder Alleen miteinander verbunden sein mussten – eben reine Sichtschneisen. Auch in Landschaftsparks spielen ikonografische Programme eine wichtige Rolle, an Stelle des Herrscherruhms wurden hier jedoch humanistische Bildungsinhalte, Toleranzgedanken und fremde Kulturen verbildlicht. Die Chinamode war in Europa bereits seit dem 17. Jahrhundert verbreitet.

In Deutschland entstanden landschaftlich gestaltete Gärten und Parks seit den 1760er Jahren, 1764 begann die Errichtung des berühmten Wörlitzer Parks. Berühmte Landschaftsgärten findet man neben Wörlitz in unmittelbarer Umgebung in Oranienbaum und Dessau-Luisium, in Muskau und Branitz (Fürst Pückler), in der Schlösserlandschaft Potsdams (Neuer Garten, Babelsberg) und in Weimar (Ilmpark). Als populärste Anlage gilt der ab 1789 entstandene Englische Garten in München. Bedeutende Parks gingen aus der Umgestaltung von Barockgärten hervor, so unter vielen anderen in München-Nymphenburg, Kassel-Karlsaue, Berlin-Charlottenburg und Karlsruhe. Eine Sonderstellung nimmt der Bergpark Kassel-Wilhelmshöhe ein. Auch in den seit dem späten 18. Jahrhundert gegründeten Kurorten wurden Landschaftsparks angelegt.

Klassizismus und Historismus

Der Paradigmenwechsel in der Gartenkunst erfolgte in etwa zeitgleich mit einer neuen Architekturauffassung. Nach der Periode des Rokoko mit seiner bis ins letzte ausgereizten räumlichen und dekorativen Virtuosität entfaltete sich der Hang zu neuer Einfachheit. In Deutschland übte der Schriftsteller und Archäologe Johann Joachim Winckelmann vor allem mit seinem Werk »Geschichte der Kunst des Altertums« (1764) einen großen Einfluss auf die erneute Auseinandersetzung mit dem Erbe der Antike aus. Neben den seit der Renaissance rezipierten Kunstwerken der Römerzeit gerieten seit der Veröffentlichung »The Antiquities of Athens« von James Stewart und Nicholas Revett (1762) die Zeugnisse des klassischen Griechenland in das Blickfeld. Die Baukunst des Altertums wurde zum Gegenstand akademisch-wissenschaftlicher Studien. Ein Meilenstein war hier der Beginn der Ausgrabungen in Pompeji im Jahr 1748. In der Epoche des Klassizismus beeinflusste die Klarheit der altgriechischen Architektur das Entwerfen. Sie setzte um 1770 ein und währte bis zur Mitte des 19. Jahrhunderts, wurde später jedoch phasenweise neu aufgenommen (Neoklassizismus). Während die Gartenkunst dieser Zeit den Landschaftspark favorisierte, blieben im Städtebau die Elemente hierarchischer Gestaltung mit regelmäßigen Grundrissen und dominanten Achsen wirksam. Ein Beispiel hierfür ist die letzte in Deutschland im 18. Jahrhundert neu errichtete Residenz: Das Neue Schloss in Koblenz mit der zugehörigen Neustadt. In Karlsruhe entstand im frühen 19. Jahrhundert entlang der Hauptstraßenachse eine neue Platzfolge mit repräsentativen klassizistischen Bauten. Mit der Französischen Revolution und der anschließenden Phase der Napoleonischen

Kriege kam die landesherrliche und öffentliche Bautätigkeit auch in Deutschland weitgehend zum Erliegen. Das Jahr 1806 brachte das Ende des Heiligen Römischen Reiches Deutscher Nation. Das Land wurde zum Teil von Napoleon besetzt, während die verbliebenen Staaten überwiegend Zwangsbündnisse mit Frankreich eingingen. Nach dem Wiener Kongress erfolgte eine Restauration des Staatensystems mit seinen Herrschaften. Zahlreiche Kleinstaaten und die geistlichen Territorien wurden jedoch nicht wiederhergestellt. Die Hoffnungen zahlreicher Patrioten auf ein geeintes Land wurden enttäuscht.

Die Zeit um 1800 war eine für den Städtebau prägende Epoche: Die Städte entledigten sich der militärtechnisch längst veralteten Befestigungsanlagen und konnten somit Erweiterungen über ihre zumeist seit dem Spätmittelalter bindenden Umgrenzungen vornehmen. In den Residenzen gingen diese Maßnahmen vorwiegend von den Landesherren aus. An Stelle von Bastionssystemen traten nun Alleen und Promenaden, wobei ehemalige Verteidigungsgräben oftmals geschickt einbezogen wurden. So geht die berühmte Königsallee in Düsseldorf auf ein ursprüngliches Promenadensystem zurück, das die historischen Stadtteile umgab. An den entfestigten Toren entstanden neue Platzanlagen mit klassizistischen Torhäusern, sie verknüpften die dicht bebauten Innenstädte mit dem noch unbebauten Terrain vor der Stadt. Besonders schöne Wallringanlagen entstanden in Frankfurt am Main, Bremen und Braunschweig. Sie sind nach den Prinzipien der Landschaftsgärten angelegt; die Toranlagen und Wallpromenaden bilden jedoch immer wieder Sichtachsen, wie das Beispiel Braunschweig beweist.

In München entstanden seit der ersten Hälfte des 19. Jahrhunderts in Zusammenhang mit Stadterweiterungen die repräsentativsten Prachtstraßen ihrer Zeit in Deutschland: Brienner Straße sowie Ludwig- und Maximilianstraße. Treibende Kräfte waren hier die bayrischen Könige, allen voran Ludwig I., der die bayrische Residenz zu einer europäischen Kunstmetropole erheben wollte. Ludwig- und Maximilianstraße wurden zu großartigen Sichtachsen, die das Bild der heutigen Millionenstadt noch immer prägen. Die Bebauung dieser Straßenzüge lässt den Übergang von der klassizistischen Architektur zum Historismus erkennen: An der Ludwigstraße wurden den italienisch-renaissancistischen Bauten Leo von Klenzes die im Rundbogenstil Friedrich von Gärtners errichteten Gebäude zur Seite gestellt, an der Maximilianstraße entstand eine Bebauung mit Einflüssen gotischer Bauwerke. Die Epoche des Historismus erstreckte sich über den Zeitraum zwischen ca. 1830 bis in das frühe 20. Jahrhundert. Schon in den Jahrzehnten um 1800 waren Architekturzitate aus der Baugeschichte verwendet worden, besonders beliebt waren sie in den Landschaftsparks. Die Geistesströmung der Romantik führte zur Wiederentdeckung der gotischen Baukunst. Im 19. Jahrhundert folgte die wissenschaftliche Beschäftigung mit mittelalterlichen Bauwerken und schließlich eine möglichst korrekte Rezeption ihrer Bauformen auch für aktuelle Bauprojekte. Neben Neorenaissance und Neugotik traten die Neoromanik und schließlich das Neobarock. Im Zuge der Industrialisierung und wachsender Städte entstand eine Vielzahl neuartiger Bauaufgaben. Die neuen Verwaltungsbauten, Schulen, Bahnhöfe und Fabrikationsstätten wurden mit Fassaden und Innendekorationen im Gewand verschiedener Epochen ausgestattet. Auch in der Gartenkunst traten neben den weiterhin aktuellen landschaftlich inspirierten Gestaltungen wieder Elemente formaler Anlagen – beide Prinzipien traten in neu entstehenden Gärten und Parks neben- und miteinander in Erscheinung. Als neue Auftraggeber für Freiraumplanungen wirkten vermehrt Kommunen, die den wachsenden Städten Erholungsräume sichern wollten.

Mit der Industrialisierung und dem Bevölkerungswachstum im 19. Jahrhundert waren Stadterweiterungen von nie dagewesenen Dimensionen erforderlich. In Deutschland setzte diese Periode mit der Gründung des Deutschen Reiches 1871 ein und währte bis in die Jahre vor dem Ersten Weltkrieg. Im Städtebau blieben die seit der frühen Neuzeit erprobten Prinzipien regelmäßiger und hierarchisierter Grundrisse maßgebend – allerdings in völlig neuen Größenordnungen. So werden auch die weiträumigen Stadterweiterungsgebiete der Gründerzeit von Achsen gegliedert, die zumeist mit dem Ausbau der Haupteinfallstraßen entstanden. Die häufig als breite Alleen mit grünen Mittelstreifen gestalteten Straßenzüge erhielten – wie in Barock und Klassizismus – vielfach markante Blickpunkte. Zu diesen konnten nun neben Kirchen auch Bahnhöfe oder Regierungs- sowie Gerichtspaläste und selbst Einrichtungen der neu geschaffenen Infrastruktur wie Wassertürme (Mannheim, Stadtpark Hamburg) gehören. Trotz der äußerlich großzügigen Stadterweiterungen kam es in in den Arbeiterquartieren der Metropolen zu extremen Bevölkerungsdichten und katastrophalen Wohnbedingungen. Am Ende des 19. Jahrhunderts brachen sich Reformströmungen Bahn, die schließlich auf viele Lebensgebiete einwirkten und einen Grundstein für die Moderne legten. Zu den wichtigsten Themenfeldern gehörte die Schaffung von Grundlagen für eine gesündere Lebensführung der gesamten Bevölkerung: Licht, Luft und Sonne. In Großstädten entstanden weitläufige Volksparks, wobei auch ältere Gartenanlagen entsprechend verändert wurden. Der um 1900 verbreitete Hang zu monumentalen Gestaltungen ließ nicht nur im Umfeld mächtiger Nationaldenkmäler, sondern auch in öffentlichen Parkanlagen repräsentative Achsen entstehen.

Das 20. Jahrhundert

Im 20. Jahrhundert mündeten die neuen kulturellen Strömungen in einer Epoche, die wir heute als »Klassische Moderne« bezeichnen. Das Ende des Ersten Weltkrieges und die Revolution von 1918 führten zum Sturz der seit Jahrhunderten angestammten Monarchien in Deutschland. Nach dem Krieg erfolgte hier der Durchbruch der Moderne – das avantgardistische Kunstschaffen des Landes fand weltweite Beachtung. Das Bauhaus entfaltete eine bis heute anhaltende Wirkung. Die Vorreiter der modernen Bewegung wollten mit althergebrachten Vorstellungen, ja letztlich mit der Geschichte brechen. Progressive Architekten und Städtebauer distanzierten sich von hierarchischen Entwurfsmustern wie dominanten Achsensystemen. Für größere Gebäudekomplexe realisierten die Schöpfer moderner Architektur freie Kompositionen mit offenen Grundrissen, die Baukörper sollten als Solitäre allseitig zu erfassen sein. In den neuen Siedlungen der 1920er Jahre entstanden lockere Zeilenbebauungen mit viel Grün. Das moderne Bauschaffen war in der Weimarer Zeit jedoch weniger bestimmend, als man dies annehmen könnte. Daher blieben auch Achsen weiterhin gängige Elemente in Architektur und Stadtplanung. So sind Bauensembles wie das 1926 eröffnete Ausstellungsgelände der GaSoLei in Düsseldorf und zeitgenössische Industrieanlagen wie die (allerdings als Inkunabel des modernen Industriebaus geltende) Zeche Zollverein in Essen mit wirkungsvollen Achsen ausgestattet.

Die Moderne erlangte in der Zeit der Weimarer Republik in der Bevölkerung nie eine Tiefenwirkung. Parallel existierten auf der Gegenseite konservative und reaktionäre Strömungen, deren radikalste Verfechter in den Wirren der Wirtschaftskrise der frühen 1930er Jahre schließlich die Oberhand gewannen: 1933 gelangten die Nationalsozialisten an die Macht und errichteten eine totalitäre Diktatur. Da sich Hitler selbst als »verhinderter Künstler« sah und schon lange vor seiner Herrschaft megalomane Architekturphantasien skizziert hatte, begannen nach 1933 maßlose Planungen für die Reichshauptstadt Berlin und einen ausgewählten Kreis weiterer »Führerstädte«. Selbstverständlich spielten hier monumentale Achsensysteme eine Hauptrolle. Die »Ost-West-Achse« in Berlin war über eine Länge von 50 Kilometer geplant, während die »Nord-Süd-Achse« vor der 290 Meter hohen »Großen Halle« enden sollte. Auf dem ehemaligen Reichsparteitagsgelände in Nürnberg ist die Große Straße noch heute eindrucksvolles Zeugnis einer Architektur zur Vergewaltigung der Massen. Schließlich endete das Dritte Reich in der bisher größten Zivilisationskatastrophe, der neben unzählbaren Menschenleben auch unwiederbringliches Kulturerbe zum Opfer fiel.

Im geteilten Deutschland beschritt man für den Wiederaufbau anfangs verschiedene Wege: Während sich in der Bundesrepublik in den 1950er Jahren moderne Konzepte für Architektur und Städtebau durchsetzten, verfolgte man in den Anfangsjahren in der Deutschen Demokratischen Republik einen von der stalinistischen Sowjetunion vorgegebenen Monumentalstädtebau mit historisierenden Bauten. Im Rahmen dieser »Architektur der nationalen Tradition« entstanden wieder weiträumige Achsen- und Platzanlagen, die – wie in der Zeit des Nationalsozialismus – für propagandistische Aufmärsche vorgesehen waren. In den ostdeutschen Großstädten sind eindrucksvolle Zeugnisse dieser Epoche erhalten, allen voran die Karl-Marx-Allee in Berlin. In Westberlin, der Frontstadt des Kalten Krieges, sollte ein im Rahmen der Interbau 1957 errichtetes neues Wohnquartier Städtebau und Architektur des freien Westens demonstrieren: das Hansaviertel. Das Ideal des Nachkriegsstädtebaus war einerseits die durchgrünte und aufgelockerte Stadt, andererseits erlangte der autogerechte Umbau einen immer höheren Stellenwert. Dicht bebaute Altstädte und Quartiere mit Blockrandbebauung galten als ein zu überwindendes Erbe, so dass nach den Kriegsverwüstungen erhalten gebliebene Stadtviertel weiter

Freiburg, Stadtquartier Vauban
Das in den 1990er Jahren auf einem Kasernengelände im Rahmen eines Modellprojekts entstandene Quartier wird von einer langen Straßenachse zentriert.

dezimiert wurden. Während sich Stadtautobahnen durch Gründerzeitgebiete fraßen, etablierten sich in historischen Altstädten unmaßstäbliche Verwaltungs- und Gewerbebauten – beides führte zur Störung überlieferter Sichtbeziehungen. Darüber hinaus wurde und wird das Umland der Städte von einer bisher nicht gekannten Zersiedlung erfasst. Wohn- und Gewerbegebiete erstrecken sich nun auch in der Nachbarschaft historischer Sichtachsen und verwischen die Zusammenhänge ehemaliger Residenzlandschaften.

Das Unbehagen über den fortschreitenden Verlust kulturellen Erbes und urbaner Qualitäten führte seit den 1970er Jahren zu einem Umdenken. Die Qualitäten mittelalterlicher Stadtkerne und der Quartiere aus dem 19. Jahrhundert wurden wiederentdeckt und konnten durch umfangreiche Sanierungsmaßnahmen bewahrt werden – seit 1990 in besonderem Maße auch in den östlichen Bundesländern. Dabei spielte die Erhaltung und Sichtbarmachung historischer Achsen eine nicht zu unterschätzende Rolle. So konnten großartige Anlagen wie der Barockgarten Hundisburg rekonstruiert werden. Auch in neuen Stadtquartieren werden wieder strukturierende Achsen geschaffen, sei es als Weiterführung älterer Anlagen oder aber ganz eigenständig – wie im Freiburger Stadtteil Vauban.

Repräsentative Stadtachsen, Gärten, Parks und einstige Residenzen gehören heute zum selbstverständlichen Teil unseres Kulturerbes und tragen zur Identität von Städten und Landschaften bei. Sie sind Bestandteile des Alltags genauso wie Ziele der Erbauung und der historischen Vergewisserung. Nur wenigen ist es jedoch vergönnt, Sichtachsen aus der Luft bewundern zu können. Der Wunsch nach dem umfassenden Blick von oben war schon vor Jahrhunderten ausgeprägt, man betrachte die unzähligen Stadtansichten von Merian. Große Schloss- und Gartenanlagen wurden bereits in der Entstehungszeit bevorzugt aus der Vogelschau dargestellt. Die in diesem Band präsentierten Luftbilder zeugen von größtem Können der Baumeister und Gartenarchitekten genauso wie von der Meisterschaft des Fotografen: Bilder von betörender Schönheit.

TRIER
SIMEONSTRASSE MIT HAUPTMARKT UND PORTA NIGRA

Trier gehört zu den ältesten Städten Deutschlands. Eine während der Zeit um 1100 aufgezeichnete Geschichte des Ortes, die Gesta Treverorum, enthält eine Gründungslegende: Trier soll bereits 1300 Jahre vor Rom gegründet worden sein. Diese Legende ist in einer Inschrift am 1684 errichteten Roten Haus am Hauptmarkt verewigt. Tatsächlich reicht die Besiedlung des Gebiets der Moselstadt über 10 000 Jahre zurück. In der vorrömischen Zeit wurde die Region zwischen Maas und Rhein von dem keltischen Stamm der Treverer besiedelt, welcher schließlich namengebend für die spätere Stadt Trier war. Nachdem Truppen Julius Caesars bis 50 v. Chr. das linksrheinische Territorium für das Römische Reich erobert hatten, erfolgte vermutlich im Jahr 16 v. Chr. die Gründung der Stadt Augusta Treverorum.

Diese Römerstadt entwickelte sich zum bedeutendsten urbanen Zentrum nördlich der Alpen. Sie wurde nach dem im gesamten Imperium gültigen Schema einer regelmäßig angelegten Stadt mit rechteckigen Baublöcken (insulae) angelegt. Prägend waren für den Grundriss das Achsenkreuz von Cardo und Decumanus. Der Cardo erstreckte sich als Längsachse in Nord-Süd-Richtung, während der Decumanus von der Moselbrücke ausgehend auf das Forum der Augusta Treverorum führte. Aufgrund der topographischen Verhältnisse zeigte das nördliche Ende des Cardo eine leichte Abknickung nach Nordosten und stieß dort auf die um 170 n. Chr. errichtete Porta Nigra, eines der bedeutendsten erhaltenen Stadttore des Römischen Weltreichs. Dieser Straßenverlauf bildet heute die eindrucksvolle Sichtachse zwischen Hauptmarkt und Porta Nigra.

Die verkehrsgünstig gelegene Römerstadt erlebte ihre erste Blütezeit in den ersten beiden nachchristlichen Jahrhunderten. Nach einer Verwüstung während des Einfalls der Alemannen im Jahr 275 folgte in der Spätantike ein erneutes Aufblühen. Die nun als Treveris bezeichnete Metropole stieg 293 sogar zur Kaiserresidenz auf. Das 285 Hektar umfassende Stadtgebiet beherbergte bis zu 80 000 Einwohner. Mit der Eroberung durch germanische Stämme zu Beginn des 5. Jahrhunderts endete die Römerherrschaft. Der seit dem frühen 4. Jahrhundert überlieferte Bischofssitz war maßgebend für die mittelalterliche Geschichte Triers. Die Stadt wurde Hauptstadt eines geistlichen Kurfürstentums. In der mittelalterlichen Stadt, welche lediglich die Nordhälfte der römischen Treveris umfasste, lebten nun annähernd 10 000 Menschen. Das antike Straßennetz wurde zwar überformt, scheint aber bis heute durch.

Im Jahr 958 ließ Bischof Heinrich I. auf dem westlich des Dombezirks gelegenen Hauptmarkt ein Marktkreuz aufstellen. Damit erhielt die mittelalterliche Stadt ihr wirtschaftliches Zentrum. Zwischen Markt und Porta Nigra blieb die über dem römischen Cardo verlaufende Simeonstraße eine Hauptachse der Stadt. Da die Porta Nigra im 11. Jahrhundert als Kirchenbau für das Simeonstift umgewidmet wurde, war die Verlegung des mittelalterlichen Nordtors und damit des Straßenverlaufs in östliche Richtung erforderlich. Außer der Porta Nigra steht der Turm der Pfarrkirche St. Gangolph am Hauptmarkt im Blickpunkt des Straßenzuges. Der wuchtige Turm der Stadtkirche wurde im 14. Jahrhundert in Konkurrenz zu den Domtürmen errichtet. Er markiert die Gabelung des Straßenzuges vom Hauptmarkt zur alten Römerbrücke einerseits und in das ehemalige Palastviertel andererseits. Die Simeonstraße ist heute eine der wichtigsten Einkaufsstraßen Triers und spiegelt nicht nur mit ihren Baudenkmälern 2000 Jahre Stadtgeschichte wider.

Blick von Süden über den Hauptmarkt mit St. Gangolf, im Hintergrund die Porta Nigra

SPEYER
MAXIMILIANSTRASSE MIT DOM

Speyer gehört zu den alten Rheinstädten, deren Wurzeln bis in die Römerzeit verfolgt werden können. Um 10 v. Chr. entstand hier ein Militärlager, aus dem später die römische Stadt Noviomagus hervorging. Der Bischofssitz in Speyer geht auf Anfänge im 4. Jahrhundert zurück. Als Grablege der Könige und Kaiser aus dem Hause der Salier erlangte Speyer im 11. Jahrhundert eine zentrale Bedeutung für das mittelalterliche Heilige Römische Reich. Die salischen Herrscher verliehen der Stadt Speyer umfassende Privilegien, sie wurde schließlich zur Freien Reichsstadt. Darüber hinaus wirkten sie auf die einzigartige Stadtanlage mit ihrer auf den Dom ausgerichteten Straßenachse ein.

Den Dom zu Speyer ließ Kaiser Konrad II. ab 1125/30 errichten, womit einer der größten Sakralbauten seiner Zeit entstand. Unter Heinrich IV. erfolgte nach 1080 ein Umbau mit vollständiger Einwölbung des riesigen Kirchenraums. Heute ist der Dom St. Maria und St. Stephan das größte erhaltene romanische Bauwerk der Erde und zählt seit 1981 zum UNESCO-Weltkulturerbe. Der sechstürmige Monumentalbau beherrscht weithin die Rheinebene. Als französische Truppen während des Pfälzischen Erbfolgekrieges große Teile Südwestdeutschlands verwüsteten, fiel 1689 auch der Dom einer gezielten Zerstörung durch Sprengungen zum Opfer. Bis zum Wiederaufbau des Kirchenschiffs in den alten Formen verstrichen fast neun Jahrzehnte. Zum Neubau des dreitürmigen Westbaus kam es erst in den Jahren 1854–1858. Diese von dem Architekten Heinrich Hübsch entworfene historistische Architektur zitiert den ursprünglichen Westbau und bestimmt die Stadtansicht des Doms.

Das mittelalterliche Stadtgefüge, das in seinem Straßennetz bis heute weitgehend erhalten ist, ordnet sich um die von West nach Ost führende Maximilianstraße. Ihre Anlage als Straßenmarkt geht auf die Bauzeit des Doms zurück, gleichzeitig war sie als Via Triumphalis, als Einzugstraße der Herrscher konzipiert. Anfangs- und Endpunkt der Maximilianstraße sind das westliche Stadttor – das Altpörtel – und der gewaltige Westbau des Doms. Es handelt sich um eine der markantesten aus dem Mittelalter überlieferten städtebaulichen Achsen, die bewusst auf ein dominantes Bauwerk ausgerichtet sind. Vergleichbar ist die annähernd gleichzeitig entstandene Domstraße in Würzburg.

Der ursprüngliche Straßenmarkt von Speyer erscheint jedoch nicht mit schnurgeraden Fluchten wie auf dem Reißbrett geplant, vielmehr zeigt sie sich mit sanften Schwüngen und im Westteil mit einer nachträglich eingefügten Häuserzeile, die die schmale Korngasse abteilt. Damit sind die typischen Merkmale mittelalterlichen Städtebaus prägend geblieben. Seit dem Wiederaufbau nach der Zerstörung Speyers im Jahr 1689 wird das reizvolle Stadtbild von zumeist schlichten barocken Bürgerhäusern geprägt.

Blick von Westen über die Maximilianstraße in Richtung Dom, vorn das Altpörtel

WÜRZBURG
DOMSTRASSE MIT ALTER MAINBRÜCKE UND DOM

Der hohe kunstgeschichtliche Rang Würzburgs beruht in erster Linie auf den zahlreichen Bau- und Kunstwerken aus der Epoche des Barock. Die alte Bischofsstadt ist für immer mit dem Namen Balthasar Neumann verbunden. Dieser wohl bedeutendste deutschen Baumeister des 18. Jahrhunderts war hier auch als Städteplaner tätig und schuf repräsentative Straßenzüge. Die prägende Straßenachse des alten Würzburg geht jedoch auf den hochmittelalterlichen Ausbau des Stadtkerns im 11. Jahrhundert zurück: die Domstraße.

Die mainfränkische Stadt erhebt sich über sehr alten Siedlungsplätzen, so befand sich auf dem Marienberg eine keltische Fliehburg und im 7. Jahrhundert ein fränkischer Herrschersitz. Im Jahr 741 gründete Bonifatius das Würzburger Bistum, dessen erste Domkirche am Standort der späteren Neumünsterkirche errichtet wurde.

Der heutige Dom geht überwiegend auf das 12. Jahrhundert zurück, wobei die Doppelturmfassade in großen Teilen noch aus dem 11. Jahrhundert stammt. Sie ist der Zielpunkt der Domstraße. Hier drängt sich der Vergleich zur Maximilianstraße in Speyer auf, deren Anlage auf den Baubeginn des dortigen Doms im Jahr 1030 zurückgeht. Die Würzburger Domstraße verbindet die Alte Mainbrücke mit dem geistlichen Zentrum. Zwischen der ersten steinernen Brücke und dem gleichzeitig erfolgten Domneubau besteht eine enge Beziehung: Beide Großbauten wurden in der 1. Hälfte des 12. Jahrhunderts von Meister Enzelin konzipiert – ein seltener Fall der Überlieferung eines Baumeisternamens in der Romanik.

Im hochmittelalterlichen Stadtkern mit seinem fünfeckigen Umriss bildet die rechtwinklig auf das Mainufer stoßende Domstraße die zentrierende Achse, welche die Altstadt zwei etwa gleichgroße Hälften teilt. Der breite Straßenzug diente vor der Entstehung des heutigen Marktplatzes durch Zerstörung des dortigen jüdischen Stadtquartiers im Jahr 1349 auch zu Marktzwecken. Nach Verlegung der Bischofsresidenz aus der Stadt auf den Marienberg im 13. Jahrhundert erhielt die Domstraße jedoch große zeremonielle Bedeutung als Einzugsweg der Bischöfe von der Burg zum Dom. Auf der ab 1476 neu errichteten Mainbrücke ließen die Fürstbischöfe Christoph Franz von Hutten und Friedrich Carl von Schönborn im 18. Jahrhundert über den Pfeilern zwölf barocke Heiligenstandbilder aufstellen. Die Domstraße wurde von Balthasar Neumann im Rahmen seiner städtebaulichen Maßnahmen reguliert, um ihre Wirkung zu steigern.

Die historische Achse weist zwei platzartige Erweiterungen auf, von denen die westliche als Vorplatz des Rathauses mit dem barocken Vierröhrenbrunnen ausgestattet ist. Das Rathaus mit seinem Turm und die Verengung an der Auffahrt zur Mainbrücke bilden spannungsreiche Akzente innerhalb des Straßenzuges. Die Wirkung der Domstraße ist auch nach der weitgehenden Zerstörung Würzburgs am 16. März 1945 und dem hier an der historischen Überlieferung orientierten Wiederaufbau nicht verloren gegangen.

Aufnahme von Westen mit Mainbrücke, Domstraße und Dom St. Kilian

MANNHEIM
KURPFALZSTRASSE MIT SCHLOSS

An der Mündung des Neckars in den Rhein entstand im 17. Jahrhundert mit Mannheim eine der wenigen streng geometrisch nach dem Muster einer Idealstadt angelegten Stadtanlagen in Deutschland. Ausgangspunkt war der 1606 von Kurfürst Friedrich III. von der Pfalz begonnene Bau einer mächtigen Festungsanlage am Rhein, die Friedrichsburg. Dieser Zitadelle wurde eine ebenfalls stark befestigte Stadtsiedlung mit regelmäßigem Grundriss zugeordnet. Ihren Namen erhielt die Stadt von dem hier seit dem 8. Jahrhundert überlieferten Dorf Mannenheim.

Nachdem dieser strategisch wichtige Ort im Dreißigjährigen Krieg 1622 durch ein Heer Tillys verwüstet worden war, erfolgte 1689 im Orléanischen Krieg die zweite Zerstörung Mannheims durch französische Truppen. Der unter Kurfürst Johann Wilhelm erfolgte Wiederaufbau nach Plänen des niederländischen Festungsbaumeisters Menno van Coehoorn schuf die heute noch erkennbare Stadtanlage über konsequentem Rastergrundriss und rechteckigen Baublöcken. An Stelle von Straßennamen sind die Quartiere mit Buchstaben-Zahlen-Kombinationen benannt. Lediglich die beiden Hauptachsen des nach Nordosten hin halbkreisförmigen Stadtgrundrisses weisen Eigennamen auf.

An Stelle der nach 1689 nicht wiederaufgebauten Zitadelle verlegte Kurfürst Carl Philipp von der Pfalz seine Residenz von Düsseldorf und Heidelberg nach Mannheim. Ab 1720 begann der Landesherr hier mit der Errichtung einer barocken Schlossanlage, die nach ihrer erst gegen 1760 erfolgten Vollendung zur größten des alten Reiches herangewachsen war. Allein am Hauptbau des Schlosses waren vier Baumeister beteiligt: neben dem Mainzer Caspar Herwarthel arbeiteten Louis Rémy de la Fosse, Johann Clemens Froimon und Guillaume d'Hauberat an den Entwürfen. Die Schlossarchitektur lässt den französischen Einfluss deutlich erkennen.

Das Schloss ist Zielpunkt der schnurgeraden Hauptachse (Kurpfalzstraße), die sich von Nordosten nach Südwesten durch den bogenförmigen Stadtkörper erstreckt. Die Achse mündet im tiefen Ehrenhof des sich über insgesamt fast 450 Meter Breite erstreckenden Schlosskomplexes. Die Gartenfront des Schlosses liegt in der Nähe des Rheinufers, die ursprünglichen Gartenanlagen sind hier durch Bahnanlagen und Hochstraßen völlig unkenntlich gemacht worden.

Ein zentraler Hauptplatz ist in der Stadtmitte von Mannheim nicht zu finden. An der über die Neckarbrücke in Richtung Schloss führenden Kurpfalzstraße folgen rechtsseitig der Marktplatz mit der symmetrischen Baugruppe von Rathaus und Unterer Pfarrkirche und an der linken Seite der Paradeplatz mit der barocken Grupello-Pyramide. Das dortige Mannheimer Stadthaus entstand bis 1991 an Stelle der 1960 abgetragenen Reste des Alten Kaufhauses. Dieser Barockbau war wie ein Großteil der Stadtanlage mit dem Schloss während des Zweiten Weltkrieges zerstört worden. Die Schlossanlage wurde in ihrer äußeren Gestalt wieder aufgebaut und wird heute überwiegend von der Universität Mannheim genutzt. In den rekonstruierten Räumen des Corps de logis befindet sich das Schlossmuseum.

Blick von Nordosten auf das Stadtzentrum mit Kurpfalzstraße und Schlossanlage

BERLIN
UNTER DEN LINDEN

Die im Herzen der Bundeshauptstadt gelegene Lindenallee verbindet das alte Zentrum der brandenburgisch-preußischen Monarchie mit dem Brandenburger Tor, einem Wahrzeichen nicht nur Berlins, sondern des ganzen Landes. Die einstige Prachtstraße der preußischen und dann deutschen Hauptstadt ist Schauplatz zahlreicher Episoden der deutschen Geschichte und kündet so von ihren tragischen, aber auch glücklichen Momenten. Der Name dieser eineinhalb Kilometer langen und 60 Meter breiten Straße hat bis heute einen besonderen Klang.

Alles begann in der Regierungszeit des Kurfürsten Johann Georg von Brandenburg, als der Regent 1573 einen Reitweg von der Residenz im Stadtschloss in das Jagdrevier im heutigen Tiergarten anlegen ließ. Unter dem Großen Kurfürsten Friedrich Wilhelm wurde die schnurgerade Allee 1647 ausgebaut und mit Linden bepflanzt. Damit entstand nach niederländischen Vorbildern eine der frühesten barocken Sichtachsen in Deutschland. Ihr Ausgangspunkt war ursprünglich die Brücke über den ehemaligen Festungsgraben, heute ist er die Sschlossbrücke. Mit der planmäßigen Entstehung eines neuen Stadtquartiers im Nordwesten des alten Zentrums begann die Entwicklung zum städtischen Boulevard: Ab 1670 wurde die nach der Gemahlin Friedrich Wilhelms benannte Dorotheenstadt angelegt. Damit war ein Grundstein für die Erweiterung der Residenzstadt nach Westen hin gelegt. Am östlichen Ende der Linden ließen die Landesherren repräsentative Staatsbauten wie das 1695 begonnene Zeughaus, das Kronprinzenpalais und den Marstall (heute Standort der Staatsbibliothek) errichten. Im Marstall wurde die 1700 gegründete Akademie der Wissenschaften eingerichtet.

Mit einer Erweiterung der seit 1688 südlich der Dorotheenstadt neu angelegten Friedrichstadt wurden auch die Linden nach Westen bis an einen neuen Torplatz verlängert: 1734 entstanden das Quarré – nach dem Sieg über Napoleon in Pariser Platz umbenannt - und der Vorgängerbau des Brandenburger Tors. In der Regierungszeit Friedrichs II. (der Große) wurde der repräsentative Ostteil des Straßenzuges mit dem Forum Fridericianum (heute Bebelplatz) noch einmal deutlich aufgewertet: Der König ließ hier ab 1741 Bauwerke wie Staatsoper, Bibliothek und Prinz-Heinrich-Palais errichten. Das einstige Prinzenpalais ist seit 1809 Heimstatt der Humboldt-Universität. Mit dem 1789–1791 nach Entwürfen von Carl Gotthard Langhans errichteten Brandenburger Tor wurde der eindrucksvolle Abschluss der Straßenachse zum Tiergarten geschaffen. Bedeutende Bauten und Denkmäler entstanden auch zu Beginn des 19. Jahrhunderts, so die von Schinkel konzipierte Neue Wache und die Standbilder berühmter Feldherren. 1851 folgte die Aufstellung des Reiterdenkmals für Friedrich den Großen.

Bis zur Reichsgründung im Jahr 1871 blieb Unter den Linden eine Adresse für das Berliner Großbürgertum. Mit dem Wachstum der Reichshauptstadt auch zu einer Wirtschaftsmetropole wandelte sich das Bild, nun entstanden hier Geschäftshäuser, Verwaltungsgebäude, mondäne Hotels und Botschaften. Um das städtebauliche Erscheinungsbild der Allee zu bewahren, erließ die Regierung 1880 das Lindenstatut, das unter anderem die Begrenzung der Gebäudehöhen auf 22 Meter festschrieb.

In der Zeit des Nationalsozialismus dienten die Linden als Aufmarschstraße. Während des Zweiten Weltkrieges wurde ihre Bebauung stark zerstört. Nach der 1950 erfolgten Sprengung des Stadtschlosses führten die Allee nach Osten hin ins Leere. Der Pariser Platz mit dem Brandenburger Tor fristete nach dem Mauerbau von 1961 bis 1989 ein Dasein als scharf bewachtes Niemandsland. Nachdem der Platz inzwischen wieder bebaut und auf der Spreeinsel das Humboldt-Forum mit den rekonstruierten Fassaden des Stadtschlosses errichtet wurde, hat die Prachtstraße ihre einstige Fassung zurückerhalten.

Blick von Westen über Brandenburger Tor und Pariser Platz in Richtung Stadtzentrum mit Humboldt-Forum

BERLIN
BISMARCKSTRASSE, STRASSE DES 17. JUNI UND TIERGARTEN

Im Westteil der Bundeshauptstadt Berlin verläuft eine der markantesten Straßenachsen Europas. Sie durchzieht die Stadtteile Charlottenburg und Tiergarten von West nach Ost mit einer Länge von 10 Kilometern und umfasst Heerstraße, Kaiserdamm, Bismarckstraße und Straße des 17. Juni. Am Brandenburger Tor findet die Achse mit der berühmten Allee Unter den Linden ihre Fortsetzung in das historische Stadtzentrum. Hier liegen ihre Ursprünge: Nachdem Kurfürst Johann Georg von Brandenburg 1573 einen Reitweg von der Residenz in sein Jagdrevier im Tiergarten angelegt hatte, ließ der Große Kurfürst Friedrich Wilhelm hier 1647 eine Lindenallee pflanzen.

Der Mittelpunkt des Tiergartens wird vom Großen Stern markiert, dessen Anlage als Jagdstern in die Zeit des Kurfürsten Friedrich III. (ab 1701 König Friedrich I.) zurückgeht. Auf dem mehrfach umgestalteten Platz erhebt sich seit 1938 die Siegessäule. Sie wurde als Denkmal für die Einigungskriege im Vorfeld der Reichsgründung von 1871 auf dem ehemaligen Königsplatz (heute Platz der Republik) errichtet und im Rahmen der Stadtplanung der Nationalsozialisten versetzt. Am Westrand des Tiergartens markieren die Kolonnaden des Charlottenburger Tors den historischen Übergang von Berlin nach Charlottenburg. Am Ernst-Reuter-Platz, dem ehemaligen »Knie«, mündet die schräg nach Nordwesten in Richtung Schloss Charlottenburg führende Otto-Suhr-Allee (ursprünglich Berliner Straße). Sie wurde zu Beginn des 18. Jahrhunderts als kürzeste Verbindung vom Stadtzentrum in die neue Sommerresidenz geschaffen. Nach dem Zweiten Weltkrieg entstand am Ernst-Reuter-Platz eine lockere Bebauung mit Hochhäusern, die als Aushängeschild des freien Westberlin auch in den Osten ausstrahlen sollte. Sie gehört heute zu den Inkunabeln der Nachkriegsmoderne.

Auch die vom Ernst-Reuter-Platz weiter nach Westen verlaufende Bismarckstraße, der ehemalige Mühlenweg, folgt der barocken Achse. Sie wurde infolge des rasanten Wachstums der bis 1920 noch eigenständigen Stadt Charlottenburg nach 1900 zu einem repräsentativen Boulevard ausgebaut. Heute zeigt der Straßenzug eine Mischung aus prächtigen Gründerzeitbauten sowie Architekturen aus den 1930er Jahren und der Zeit nach dem Zweiten Weltkrieg. An Stelle der kriegszerstörten Vorgängerbauten wurden hier 1951/52 das Schillertheater und 1957–1961 die Deutsche Oper neu errichtet.

Während der Zeit des Nationalsozialismus war die Achse ein wichtiger Teil der megalomanischen Planungen für die »Welthauptstadt Germania«. Der sieben Kilometer lange verbreiterte Ostabschnitt war 1939 fertiggestellt. Die sichtbarsten Relikte dieser Epoche sind neben diversen Neubauten die noch in 800 Exemplaren vorhandenen Doppelkandelaber. Sie werden nach dem Architekten der »Neugestaltung der Reichshauptstadt« auch als »Speer-Leuchten« bezeichnet. Nach der 1945 erfolgten Teilung Berlins durch die Besatzungsmächte in vier Sektoren blieben die Übergänge zwischen dem Westen und dem sowjetisch besetzten östlichen Stadtgebiet, das 1949 zur Hauptstadt der DDR erhoben wurde, vorerst durchlässig. Mit dem 1961 eingeleiteten Mauerbau wurde die Achse am Brandenburger Tor für die folgenden 28 Jahre abrupt unterbrochen. Unmittelbar nach dem gescheiterten Volksaufstand von 1953 in der DDR erhielt das durch den Tiergarten verlaufende Teilstück der Ost-West-Achse, die ehemalige Charlottenburger Chaussee, den Namen Straße des 17. Juni. Seit der jüngsten Vergangenheit ist sie Schauplatz großer Veranstaltungen, so der Loveparaden und seit 2006 als Fanmeile bei Fußball-Welt- und Europameisterschaften.

Blick über die Bismarckstraße und den Ernst-Reuter-Platz in Richtung Tiergarten, im Hintergrund das Stadtzentrum mit Unter den Linden

HANNOVER-HERRENHAUSEN
GROSSER GARTEN

In der niedersächsischen Landeshauptstadt Hannover befindet sich ein einzigartiges Ensemble verschiedener Gartenanlagen und Parks, die auf eine über 350-jährige Geschichte zurückblicken. Sie repräsentieren die wichtigsten Epochen der Garten- und Landschaftsarchitektur seit dem 17. Jahrhundert. Ausgangspunkt dieser Schöpfungen ist der Große Garten, eines der bekanntesten Beispiele der barocken Gartenkunst in Deutschland.

Die Ursprünge des Großen Gartens liegen in einem Küchengarten, den Herzog Georg von Calenberg 1638 bei dem Dorf Höringehusen anlegen ließ. Damals war Hannover gerade zur Residenz des welfischen Teilfürstentums erhoben worden. Sein Nachfolger Johann Friedrich nannte den Ort Herrenhausen und errichtete hier ein kleines Schloss mit Lustgarten. Diese ab 1674 wohl von dem Gartenarchitekten Henri Perronet über quadratischem Grundriss errichtete Anlage ist in ihrer ursprünglichen Ausdehnung noch am Umfang der inneren Schmuckparterres vor dem Schloss zu erkennen. Ihren südlichen Abschluss bildeten rechteckige Fischteiche – die Vorläufer der heutigen Wasserbassins. Flankierend zum Vorhof der dreiflügligen Schlossanlage ließ Johann Friedrich die heute noch erhaltenen Gartenarchitekturen von Grotte und Kaskade erbauen.

Ein umfassender Ausbau des Gartens erfolgte unter Ernst August, dessen ehrgeizige Ambitionen 1692 die Verleihung der Kurwürde an Hannover einbrachten. Entscheidende Impulse für die Neugestaltung kamen von seiner Gemahlin Sophie von der Pfalz. Bis 1710 wurde der Garten nach Entwürfen von Martin Charbonnier in seiner Fläche auf die heutige Größe verdoppelt und nach niederländischen Vorbildern mit einem breiten Wassergraben (Graft) umgeben. Der im Übrigen durch Motive französischer Gartenkunst geprägte Barockgarten erstreckt sich in Nord-Süd-Richtung und ist vor dem Schloss durch ein Parterre mit ornamentaler Heckenbepflanzung geschmückt. Seitlich dieses Broderieparterres befinden sich das Gartentheater mit dem Königsbusch sowie ein Labyrinth und eine Terrasse. Wasserbassins gestalten den Übergang zum Boskettbereich in der Südhälfte des Gartens. Dort umgeben die von hohen Hecken eingefassten Quartiere mit Baumbewuchs das kreisrunde Brunnenbecken der Großen Fontäne. Die Seitenwege an den Gräften finden ihre Blickpunkte in den Eckpavillons am Südrand der Anlage. Östlich der Schlossanlage wurden 1694–1698 das mit einer vorzüglich erhaltenen Innenausstattung versehene Galeriegebäude und 1720 eine Orangerie errichtet.

Aufgrund der von 1714 bis 1837 bestehenden Personalunion Hannover – England hielten sich die regierenden Kurfürsten während dieser Epoche überwiegend in Großbritannien auf. Aus diesem Grund erhielt der Große Garten nur noch wenig Aufmerksamkeit, wurde aber auch nicht zu einem Landschaftspark umgestaltet. Das Schloss wurde von Georg Ludwig Friedrich Laves von 1820 bis 1822 klassizistisch erneuert. Eine Verlängerung der Gartenachse als Allee nach Norden stand in Zusammenhang mit dem Bau eines Mausoleums für König Ernst August und Königin Friederike in den Jahren 1842 bis 1847.

In den 1930er Jahren erfolgte eine Wiederherstellung des Großen Gartens, mit der im Sinne einer schöpferischen Denkmalpflege ein idealer Barockgarten entstehen sollte. Aufgrund schwerer Kriegsschäden musste die Anlage nach 1945 abermals erneuert werden. Der äußere Wiederaufbau des Schlosses erfolgte erst 2011–2013. Heute bildet der in die weitläufige Park- und Gartenlandschaft des Herrenhauses eingebettete Barockgarten mit seinen Bauwerken, Wasserspielen und Plastiken die kulturhistorische Preziose der Landeshauptstadt.

Blick von Süden über den Großen Garten, im Hintergrund Berggarten und Mausoleum

DRESDEN
GROSSER GARTEN

Im Osten der Innenstadt von Dresden befindet sich die größte Parkanlage der sächsischen Landeshauptstadt: der Große Garten. Der 1900 x 950 Meter umfassende historische Park geht auf die zweite Hälfte des 17. Jahrhunderts zurück und gehört mit dem dortigen Palais zu den frühen einheitlich gestalteten barocken Anlagen eines Lusthauses mit zugehörigem Garten in Mitteleuropa. Allerdings wurde sie im Laufe ihrer Geschichte mehrfach durch kriegerische Ereignisse verwüstet und umgestaltet. Der Große Garten ist über den Grünzug der Bürgerwiese mit dem Stadtzentrum verbunden.

Die Entstehung des Parks steht in Zusammenhang mit dem Bau des 1683 vollendeten Palais im Großen Garten, das nach Entwürfen des Baumeisters Johann Georg Starcke für Kursürst Johann Georg III. errichtet wurde. Das Palais befindet sich im Zentrum des Barockgartens und ist Zielpunkt der beiden Hauptachsen. Die zu Beginn der Planungen vorgesehene quadratische Anlage mit 1900 Meter Kantenlänge wurde zugunsten eines auf kreuzförmigem Grundriss konzipierten Gartens verworfen. Dieser wurde ab 1676 nach Entwürfen des Architekten Johann Friedrich Karcher angelegt. Der Gartenpalast gehört zu den frühesten ausgereiften Barockbauten seiner Art in Deutschland und steht am Anfang der barocken Architektur in Dresden. Vor den Hauptfassaden des Palais befanden sich die Kernbereiche des Gartens mit den Broderieparterres im Westen und einem großen Bassin östlich des Gebäudes, sie sind in den Grundzügen noch vorhanden. Die Gestaltung des Barockgartens erstreckte sich bis in die Regierungszeit von Kurfürst Friedrich August I. (1697–1733). Der als August der Starke in die Geschichte eingegangene Herrscher ließ hier großartige Feste inszenieren.

Nach den Verwüstungen des Siebenjährigen Krieges (1756 bis 1763) wurde der Garten als Barockanlage wiederhergestellt. Nach weiteren Schäden in den Napoleonischen Kriegen erfolgte nach 1813 eine Neugestaltung weiter Bereiche im Stil englischer Landschaftsparks und eine Öffnung für das Publikum. In den Randzonen war auch eine wirtschaftliche Nutzung vorgesehen. Unter Leitung des 1873 eingesetzten Gartenverwalters Friedrich Bouché wurde die inzwischen teilweise verwahrloste Anlage noch einmal erneuert und erhielt bis zur Wende zum 20. Jahrhundert den Charakter eines modernen Volksparks. Seine heutige Rechteckform geht auf die Erweiterung jener Epoche zurück. In den Jahren 1887, 1896 und 1907 konnten internationale Gartenbauausstellungen zahlreiche Besucher in den Großen Garten locken. Hierzu und für weitere Veranstaltungen wurde in der Nordwestecke des Parks 1894 ein repräsentativer Ausstellungspalast errichtet.

Inzwischen war der Garten Bestandteil des bebauten Stadtgebietes geworden. Seine auf das Palais ausgerichteten Hauptachsen wurden in die neuen Stadtquartiere verlängert. Zielpunkt der zur Innenstadt führenden Achse ist das 1930 eröffnete Hygienemuseum. Nach schwersten Schäden durch Bombenangriffe mussten Garten und Palais nach 1945 abermals umfassend wiederhergestellt werden. Der heutige Zustand zeigt eine Überlagerung verschiedener Zeitschichten aus der barocken Entstehungszeit über den Landschaftspark bis zu den Elementen des späten 19. Jahrhunderts und der Wiederherstellung nach 1945. Zu letzteren gehören eine Freilichtbühne und ein Puppentheater.

Am Standort des 1945 zerstörten Ausstellungsgebäudes entstand die 2002 in Betrieb genommene Gläserne Manufaktur von Volkswagen. Prägendes Element blieben im Großen Garten bis heute die barocken Hauptachsen und als Mittelpunkt das großartige Palais.

Blick über den Großen Garten von Osten mit dem Palais im Zentrum, im Hintergrund das Hygienemuseum und die Dresdner Innenstadt

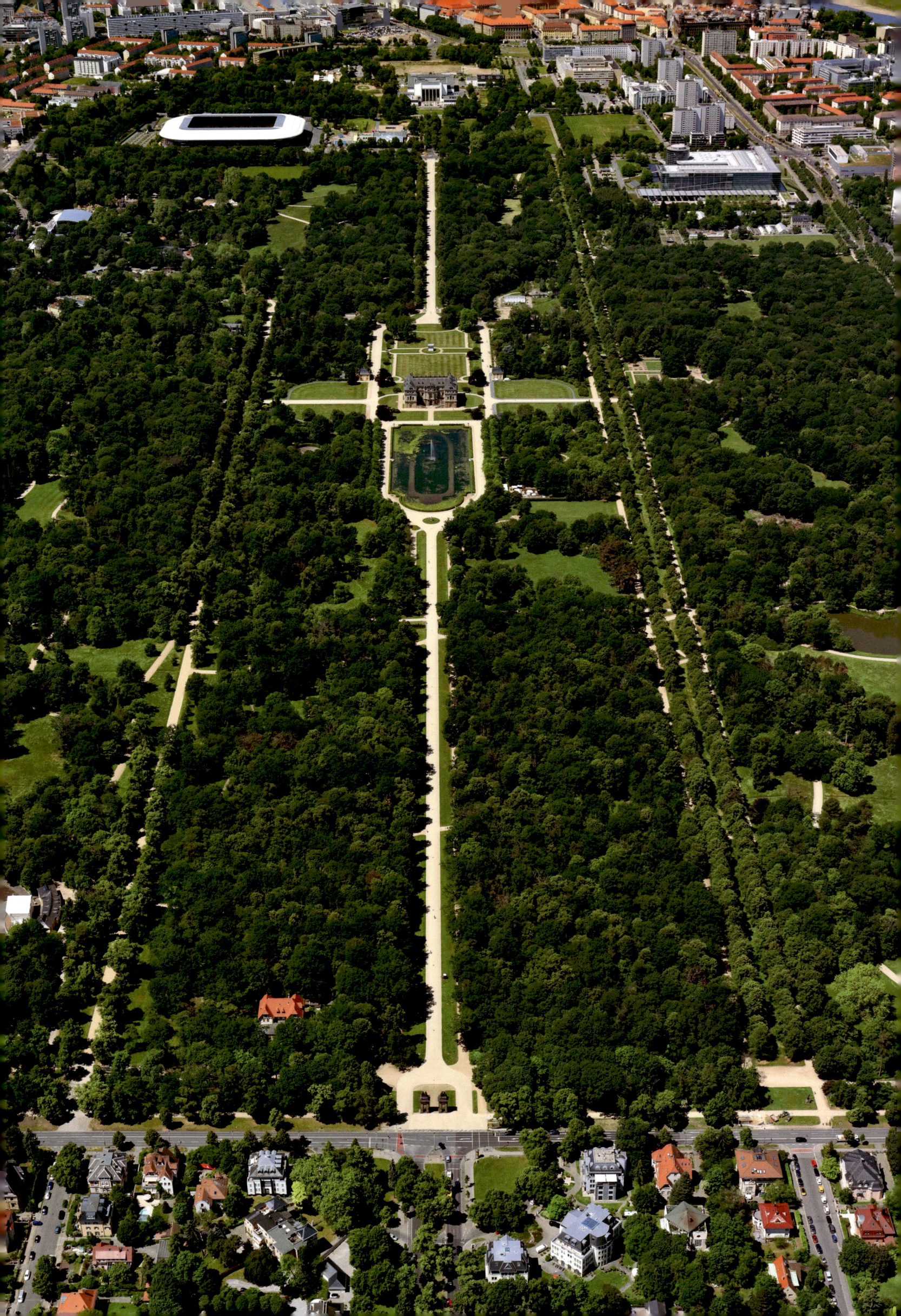

SAARLOUIS
DEUTSCHE STRASSE UND GROSSER MARKT

Schon der Name dieser Stadt deutet auf die Umstände ihrer Entstehung und auf ihre Geschichte: Saarlouis wurde während der Herrschaft Ludwigs XIV. als französische Festung angelegt, nachdem Lothringen mit einem Teil des heutigen Saarlandes durch den Frieden von Nimwegen 1679 an Frankreich gefallen war. Das Stadtwappen mit den drei Lilien und einer Sonne kündet bis heute von der königlichen Gründung. Die in strategisch günstiger Lage an der Saar gelegene Festung sollte die neue Grenze zum Heiligen Römischen Reich Deutscher Nation sichern.

Die Errichtung der sternförmigen Festungsstadt erfolgte 1680–1686 nach Entwürfen des Militäringenieurs Thomas de Choisy. Vor ihrer Ausführung waren die Pläne von Sébastien Le Prestre de Vauban, dem führenden Festungsbaumeister in Frankreich, begutachtet worden. Es entstand eine regelmäßig angelegte seckseckige Festungsanlage mit Bastionärbefestigungen und einem Brückenkopf am gegenüberliegenden Nordwestufer der Alten Saar. Im Inneren der Festung wurden neben der einheitlichen Wohnbebauung umfangreiche Gebäude für die militärische Nutzung errichtet. Die neuen Bewohner mussten auf Anweisung Ludwigs XIV. aus dem benachbarten Ort Wallerfangen nach Saarlouis übersiedeln, hinzu kamen die Soldaten der Festungsgarnison.

Im Grundriss der ehemaligen Festungsstadt dominieren die vom Deutschen Tor an der Saar ausgehende Hauptachse und der rechteckig angelegte Große Markt, der ursprüngliche Paradeplatz. Das gesamte Straßennetz ist rechtwinklig auf diese beiden Elemente ausgerichtet und läuft gegen die Geometrie der einstigen Festungsanlagen. Von den gewaltigen steinernen Verteidigungwerken mit ihren pfeilförmigen Bastionen sind seit der Schleifung ab 1889 lediglich Reste vorhanden. Die Anlage zeichnet sich in ihrem Umriss jedoch noch deutlich im Stadtplan ab. Aus der Festungszeit sind einige Kasernenbauten und die barocke Kommandantur am Großen Markt erhalten geblieben. Gegenüber erhebt sich an der Nordostseite des Großen Marktes die Ludwigskirche mit ihrer neugotischen Turmfront.

Saarlouis war nach dem Wiener Kongress 1815 an Preußen gefallen und ging schließlich im Deutschen Reich auf. Das Schicksal des Saargebietes als Zankapfel der beiden Nationen zeigte sich im 20. Jahrhundert anhand der nach den beiden Weltkriegen erfolgten Abtrennungen von Deutschland in den Jahren 1918–1935 und 1945–1957. Gegen Ende des Zweiten Weltkrieges wurde Saarlouis stark zerstört, beim Wiederaufbau ist die Stadtanlage jedoch bewahrt worden. Als französische Großfestung der Frühen Neuzeit auf deutschem Boden kommt der Stadt Saarlouis eine besondere historische Bedeutung zu. Heute ist hier die Durchdringung der Kulturen beider Länder besonders eng.

Ansicht der Innenstadt von Nordwesten über die Alte Saar mit Deutschem Tor und Großem Markt

ORANIENBAUM
STADT UND SCHLOSS

Das im Osten des ehemaligen Landes Anhalt gelegene Städtchen Oranienbaum geht auf eine mittelalterliche slawische Siedlung zurück, für die der Name Nischwitz überliefert ist. 1512 wurde der inzwischen nicht mehr bewohnte Ort von Fürst Ernst von Anhalt-Dessau erworben. In der Mitte des 17. Jahrhunderts entstand hier ein »Festes Haus« für die Fürstin Agnes von Anhalt.

Fürst Johann Georg II. schenkte den Besitz im Jahr 1659 seiner Gemahlin Henriette Katharina von Oranien zur Hochzeit. 1673 wurde der Ort in Oranienbaum umbenannt. Zehn Jahre darauf begann die Errichtung einer Sommerresidenz mit dreiflügeliger Schlossanlage mit Gartenparterre im Westen und planmäßig angelegtem Siedlungsbereich im Osten. Die Entwürfe für Schloss und Stadtanlage lieferte der aus den Niederlanden stammende Baumeister Cornelis Ryckwaert.

Das 1698 fertiggestellte Schloss gehört zu den frühesten barocken Dreiflügelanlagen mit Ehrenhof und axial ausgerichtetem Lustgarten nach französischem Vorbild im mitteldeutschen Raum. Die gediegen-klassischen Architekturformen zeigen eindeutige Beziehungen zur zeitgenössischen Baukunst in den Niederlanden, worin sich sowohl die Herkunft des Baumeisters als auch der Fürstin widerspiegeln. Der Barockgarten wurde unter Fürst Leopold III. Friedrich Franz nach 1780 teilweise umgestaltet. Nur wenige Kilometer von Oranienbaum entfernt hatte Friedrich Franz mit den Wörlitzer Anlagen den Grundstein zum Dessau-Wörlitzer Gartenreich gelegt. In Oranienbaum entstand nun einer der ersten und heute besterhaltenen chinesischen Landschaftsgärten Deutschlands. Bauliche Akzente sind hier die fünfgeschossige Pagode und das im asiatischen Stil entworfene Wohnhaus. Beeindruckend ist die 1812–1818 errichtete und 175 Meter lange Orangerie an der südlichen Gartenseite, sie gehört zu den längsten Orangeriegebäuden in Europa.

Die Stadtanlage ist um einen quadratischen Marktplatz herum konzipiert. Ihre Erstbebauung bestand aus einheitlich gestalteten Bürgerhäusern, die großenteils in Fachwerk gezimmert waren. Außer der auf das Schloss ausgerichteten Hauptachse existiert hier eine quer über den Markt geführte Achse. Sie stößt im Süden auf die 1707–1712 errichtete Stadtkirche. Wahrzeichen des erst 1852 zur Stadt erhobenen Oranienbaum ist die 1719 inmitten des Marktplatzes aufgestellte Plastik eines Orangenbäumchens. Oranienbaum gehört mit weiteren Stätten des Dessau-Wörlitzer Gartenreichs zum Weltkulturerbe der UNESCO.

Stadtansicht von Osten mit Marktplatz, Schloss und Parkanlagen; darin rechts: der chinesische Garten

SCHLEISSHEIM
ALTES UND NEUES SCHLOSS

Im Norden der bayrischen Landeshauptstadt München ist eine der größten barocken Schloss- und Gartenanlagen unseres Landes zu bestaunen: Das Ensemble der drei Schlösser von Schleißheim mit dem Alten und dem Neuen Schloss, dem Schloss Lustheim sowie weitläufigen Gärten und Parks. Verbindendes Element der ausgedehnten Baulichkeiten und Freiraumgestaltungen ist eine von West nach Ost gespannte Hauptachse, die sich von den Wirtschaftsgebäuden im Westen bis zum Schloss Lustheim über insgesamt 1,5 Kilometer erstreckt. Sie findet ihre weitere Fortsetzung nach Osten mit einem Teilstück des Isar-Schleißheimer Kanals.

Ausgangspunkt für die Entstehung der Anlagen war eine Schwaige, ein landwirtschaftlicher Betrieb des Domkapitels von Freising, der 1597 durch Herzog Wilhelm V. von Bayern erworben wurde. Er ließ sich hier als Ruhesitz ein Herrenhaus errichten. Sein Nachfolger, der spätere Kurfürst Maximilian I., veranlasste 1617–1623 den Bau des Alten Schlosses, das mit den anschließenden Wirtschaftsgebäuden wie ein großer Gutshof wirkt. Die Architektur des Alten Schlosses ist von den Bauten Andrea Palladios in Norditalien inspiriert.

Die Epoche des Barock begann in Schleißheim 1684 mit dem Bau eines kleinen Lust- und Jagdschlosses als östlicher Zielpunkt einer langgestreckten Gartenachse. Die Pläne stammten von dem aus der Schweiz stammenden Hofbaumeister Enrico Zuccalli. Das über H-förmigem Grundriss angelegte Schlösschen Lustheim ist von einem Rondell mit sternförmigen Wegen und kreisrunden Gräben umgeben und wird von zwei Pavillons flankiert. Sternförmige Alleen und Waldschneisen waren ein beliebtes Motiv für die Anlage barocker Jagdhäuser.

Höhepunkt der Schleißheimer Schlossbauten ist das als Sommerresidenz von Kurfürst Max Emanuel 1701 nach Entwürfen Zuccallis begonnene Neue Schloss. Aufgrund des Spanischen Erbfolgekrieges verzögerten sich die Bauarbeiten über mehr als ein Jahrzehnt, wobei die ehrgeizigen Pläne des Landesherrn letztlich unvollendet blieben. Das Schloss konnte mit seinem bemerkenswerten Treppenhaus nach 1725 von dem Münchner Baumeister Joseph Effner in seiner heutigen Form fertiggestellt werden. Der gewaltige Barockbau des Neuen Schlosses ist wie ein Querriegel in die Achse gestellt und erinnert an seiner Gartenseite stark an das große Vorbild von Versailles. Die barocke Gartenparterres wurden nach Plänen des französischen Gartenarchitekten Dominique Girard, einem Schüler André Le Nôtres, angelegt. Ostseitig folgen auf die Schmuckbeete ein Bassin mit Wasserspielen sowie der erst im späten 18. Jahrhundert entstandene Kanal mit dem Zielpunkt Schloss Lustheim.

Da die Nachfolger Max Emanuels kein besonderes Interesse an der Sommerresidenz hegten, blieben die Anlagen bis heute in ihrem hochbarocken Zustand gut erhalten. Die Beseitigung von Bombenschäden des Zweiten Weltkrieges, besonders am Alten Schloss, erstreckte sich bis in die 1970er Jahre. Die Schlösser und Gärten von Schleißheim gehören zum bedeutendsten Kulturerbe des bayrischen Herrscherhauses der Wittelsbacher.

Blick von Westen über das Alte Schloss mit Wirtschaftshof auf das Neue Schloss mit Gartenparterre, im Hintergrund Schloss Lustheim

HALDENSLEBEN
SCHLOSS HUNDISBURG

Auf einem Geländesporn über dem Tal des Flüsschens Beber entstand unweit der Stadt Haldensleben eine mittelalterliche Burganlage, die 1140 erstmals als »Hunoldesburg« erwähnt wurde. Ringmauer und Bergfried dieser Burg sind großenteils erhalten. Nachdem das Anwesen 1452 in den Besitz der einflussreichen Adelsfamilie von Alvensleben gelangt war, entstand im 16. Jahrhundert in Hundisburg ein Renaissanceschloss. Schließlich ließ Johann Friedrich II. von Alvensleben im Zeitraum zwischen 1694 und 1719 das heutige Barockschloss und den Lustgarten errichten. Als Architekt der Anlage gilt der braunschweigische Landbaumeister Hermann Korb. Die geradezu fürstlichen Ausmaße der Anlage künden von der Stellung Alvenslebens als Staatsmann in brandenburg-preußischen, braunschweigischen und kurhannoverschen Diensten.

In den barocken Schlossbau wurden Teile der Vorgängerbauten einbezogen, so vor allem der Bergfried, der am nördlichen Abschluss des Hauptbaus als Bibliotheksturm gespiegelt wurde. Die repräsentative Ostfassade des Schlosses ist auf den Garten ausgerichtet. Die Symmetrie der Gartenfront mit den durch doppelstöckige Loggien verbundenen Risaliten wird durch die beiden Türme noch einmal unterstrichen. Die schlichtere Rückseite mit dem Ehrenhof wird von der ringförmigen Bebauung des Wirtschaftshofes umfasst.

Der breite Mittelrisalit ist Zielpunkt der Hauptachse des langgestreckten Barockgartens, dessen Anlage an der zeitgenössischen, französischen Gartenkunst orientiert ist. Er ist axial auf die Ostfassade des Schlosses ausgerichtet, wobei Architektur und Gartenkunst als Einheit wirken. Vor der Schlossterrasse liegt der obere Lustgarten mit seinem ornamentalen Broderieparterres. Ein Höhenversprung mit Mauern und Rampen sowie einer Grotte markiert den Übergang zum unteren Lustgarten. Hier befinden sich weitere Parterres und der Boskettbereich. Die länglichen Parterres im unteren Garten sind nach den Gesichtspunkten der perspektivischen Verkürzung für den Blick aus dem Festsaal des Schlosses berechnet. Eine Besonderheit ist die Terrassierung der Gartenanlage sowohl in Quer- als auch in Längsrichtung. Im Norden der erhöht über dem unteren Gartenparterre verlaufenden langen Galerie, fand die Anlage ihre Fortsetzung mit Obstbaumgärten, Orangerie, Gartentheater und Labyrinth. Seine Vollendung erhielt der Barockgarten 1734/35 durch eine Erweiterung mit halbkreisförmigem Abschluss.

Nachdem dieser bereits im späten 18. Jahrhundert zu einem Landschaftspark umgestaltet worden war, erfolgte 1811 ein Besitzerwechsel an die Unternehmerfamilie Nathusius. Nach der Enteignung erlitt das Schloss im Herbst 1945 durch einen Brand starke Schäden. Seit der Wiedervereinigung konnten der Wideraufbau und die Rekonstruktion der Gartenanlage in Angriff genommen werden. Der Innenausbau des Corps de Logis mit Wiederherstellung der Hauptraumfolge wird 2021 abgeschlossen. Hundisburg gehört zu den bedeutendsten barocken Landschlössern im mitteldeutschen Raum und fungiert heute mit den dortigen Musikveranstaltungen als ein kultureller Mittelpunkt der Region.

Blick von Osten über Barockgarten und Schlossanlage

BERLIN
SCHLOSS CHARLOTTENBURG

Schloss Charlottenburg gehört zu den bedeutendsten Barockbauten im norddeutschen Raum. Seine Ursprünge liegen in der Regierungszeit des Kurfürsten Friedrich III. (ab 1701 König Friedrich I. in Preußen). Er schenkte seiner Gemahlin Sophie Charlotte von Hannover 1695 den seinerzeit sieben Kilometer außerhalb der Hauptstadt gelegenen Landsitz Lietzenburg. Die kunstsinnige Fürstin ließ hier sofort mit dem Bau eines Sommerschlosses beginnen, er umfasste den heutigen Mittelbau mit seinen elf Fensterachsen. Die Entwürfe zu diesem Kernschloss stammten von dem Baumeister Johann Arnold Nering, der maßgeblich an der Errichtung des Zeughauses in Berlin beteiligt war.

Der markante Schlossturm wurde erst in einer zweiten Bauphase ab 1701 errichtet, nach der Krönung Friedrichs zum König. Damals wurde das Schloss zudem mit Seitenflügeln, die einen Ehrenhof einfassen, erheblich erweitert. Außerdem kamen ein Opernhaus und eine Orangerie hinzu. Aus einem sommerlichen Lustschloss wurde eine stattliche Nebenresidenz. Unter Friedrich II. entstand nach Plänen seines Architekten Georg Wenzeslaus von Knobelsdorff ab 1742 der langgestreckte Osttrakt. Als Abschluss des Westflügels kam 1788 während der Regierungszeit König Friedrich Wilhelms II. das ehemalige Hoftheater hinzu. Das Theater und das im Schlosspark errichtete Belvedere gehen auf Carl Gotthard Langhans zurück, den Architekten des Brandenburger Tors. Damit repräsentiert Charlottenburg die vollständige Stilentwicklung vom Hochbarock bis zum Frühklassizismus in Brandenburg-Preußen.

Nördlich des Schlosses wurde ab 1697 der von dem französischen Gartenarchitekten Siméon Godeau gestaltete Barockgarten angelegt. Im späten 18. Jahrhundert ließ Friedrich Wilhelm II. den Schlossgarten zu einem Landschaftspark umgestalten. Dazu berief er den aus Dessau stammende Gärtner Johann August Eyserbeck, dessen Vater den Wörlitzer Park geschaffen hatte, nach Berlin.

Mit der Schlossanlage entstand eine planmäßig angelegte Siedlung mit einheitlich konzipierter Bebauung. Nach dem Tod Sophie Charlottes im Jahr 1705 wurde der Ort zur Stadt erhoben und in Charlottenburg umbenannt. Der Ort blieb bis zur Entstehung Groß-Berlins im Jahr 1920 mit inzwischen über 100.000 Einwohnern selbständig, obwohl er längst im städtebaulichen Gewebe der Metropole aufgegangen war. Von den ursprünglich nur ein- bis zweigeschossigen Bürgerhäusern aus der Gründungszeit Charlottenburgs haben nur wenige Beispiele den Bauboom der Zeit nach 1871 überdauert.

Die prägende Nord-Süd-Achse Charlottenburgs, die Schlossstraße, ist auf den Ehrenhof und den turmbekrönten Mittelbau der Schlossanlage bezogen und zeigt sich als repräsentative Allee mit vier Baumreihen und Vorgärten. Die Achse setzt sich über Ehrenhof und Schloss sowie über das Gartenparterre zum langgestreckten Karpfenteich im Spreebogen fort. Nach dem Zweiten Weltkrieg erfolgte eine Wiederherstellung des 1943 stark beschädigten Schlosses sowie der Garten- und Parkanlagen. Das Parterre vor dem Schloss wurde mit Bezugnahme auf den barocken Zustand frei rekonstruiert. Im landschaftlich gestalteten Teil der Parkanlage befindet sich außer dem Belvedere das klassizistische, in Tempelform errichtete Mausoleum für Königin Luise und König Friedrich Wilhelm III. Am östlichen Ende schließt die Schlossterrasse mit dem Schinkelpavillon ab.

Schlossstraße mit Schlossanlage und Park, Ansicht von Süden

KASSEL
SCHLOSS UND BERGPARK WILHELMSHÖHE

Über dem Höhenzug des Habichtswaldes Kassel erhebt sich im Westen der einstigen kurhessische Residenzstadt ein weithin sichtbares Wahrzeichen: die berühmte Kolossalstatue des Herkules. Sie ist Zielpunkt einer fast 5 Kilometer langen Allee, die das Stadtzentrum mit den weitläufigen Parkanlagen von Wilhelmshöhe verbindet – eine der markantesten Sichtachsen der europäischen Stadt- und Gartenbaugeschichte. Seit 2013 gehören die Anlagen von Wilhelmshöhe zum UNESCO-Weltkulturerbe. Der Bergpark sucht im Vergleich zu zeitgenössischen Anlagen seinesgleichen.

Die Ursprünge liegen in einer mittelalterlichen Klosteranlage der Augustiner, dem 1143 gegründeten Kloster Weißenstein. Dieses befand sich auf einem Plateau an Stelle des heutigen Schlosses Wilhelmshöhe und wurde mit der Reformation 1528 aufgelöst. Im frühen 17. Jahrhundert folgte der Bau eines Jagdschlosses durch Landgraf Moritz. Ab 1696 plante der von 1677 bis 1730 regierende Landgraf Karl zu Hessen dann auf dem »Karlsberg« ein barockes Schloss- und Gartenensemble, welches selbst in einer Zeit entfesselter absolutistischer Bauleidenschaften seine Einzigartigkeit behaupten kann.

Der Landgraf berief den italienischen Architekten Giovanni Francesco Guerniero nach Kassel, um gemeinsam an den Entwürfen für die von italienischer Gartenkunst inspirierten Anlagen zu arbeiten. Das Konzept beinhaltete ein auf dem Höhenzug positioniertes riesiges Oktogon mit bekrönender Statue des Herkules und ein von dort ausgehendes System von drei Wasserkaskaden mit Grotten. Die Kaskaden sollten zum Plateau herabführen, auf dem ein neues Schloss mit barocken Gartenparterres entstehen sollte. Bis 1718 konnten lediglich das Oktogon mit dem farnesischen Herkules und die obere Kaskade fertiggestellt werden. Diese Anlagen zeichnen sich nicht nur durch ihre bau- und kunsthistorische Bedeutung aus, sie stellen auch große Ingenieurleistungen des 18. Jahrhunderts dar. Selbstverständlich waren die Figur des Herkules und das auf sie bezogene ikonografische Programm als Apotheose auf den Landesherrn gedacht.

Unter Landgraf Friedrich II. erfolgten um 1750 die ersten Parkgestaltungen nach dem Vorbild englischer Landschaftsgärten. Sie beinhalteten eine Fülle von Kleinarchitekturen, Denkmälern und Grotten sowie die Errichtung des von der Chinoiserie inspirierten Dorfes Mou-lang. Ein großer Wurf war schließlich die umfassende Neugestaltung durch Landgraf Wilhelm IX., die ab 1785 nach Plänen des Gartenarchitekten Daniel August Schwarzkopf vorgenommen wurde. In dieser Epoche erhielt der großartige Bergpark mit seinen Wasserläufen und Katarakten, gewundenen Wegen und Bauten seine heute noch prägende Gestalt. Künstliche Ruinen wie die Löwenburg oder ein Aquädukt bilden eine deutlich romantische Komponente. Mit großem Geschick wurden die Elemente der früheren Parkanlagen einbezogen. Gleichzeitig entstand ein großzügiger Neubau der Schlossanlage, die von den Architekten Paul du Ry und Heinrich Christoph Jussow in frühklassizistischen Formen konzipiert wurde. Die Baumeister orientierten sich an Werken der englischen Architektur des Palladianismus. Leider wurde die dreiteilige Anlage von Schloss Wilhelmshöhe später zu einem Block verbunden und sein Mittelbau im Zweiten Weltkrieg stark beschädigt. Der Wiederaufbau erfolgte ohne die einst prägende Kuppel. Es beherbergt heute als Museumsbau die Gemäldegalerie Alte Meister, die Antikensammlung sowie die Graphische Sammlung.

Aufnahme von Schloss und Bergpark von Osten, im Hintergrund Kaskade und Oktogon mit Herkules

KASSEL
KARLSAUE UND ORANGERIESCHLOSS

Südlich der Innenstadt von Kassel ließ Landgraf Wilhelm IV. in der Fulda-Niederung auf einer Insel zwischen zwei Flussarmen ab 1568 einen ersten Lustgarten errichten. Die Anlage befand sich unweit des am Rand der Altstadt gelegenen Residenzschlosses, welches im 16. und frühen 17. Jahrhundert zu einer der bedeutendsten Vierflügelanlagen der Renaissance ausgebaut wurde, bereits 1811 brannte das Bauwerk vollständig nieder. Landgraf Moritz erweiterte um 1600 den Renaissancegarten an der Nordspitze der Flussinsel.

In der langen Regierungszeit des Landgrafen Karl zu Hessen (1677–1730) erhielt die nach ihm benannte Karlsaue ihre bis heute prägende Gestalt. Der weitläufige Barockgarten mit dem Orangerieschloss war neben den Anlagen auf dem »Karlsberg« (heute Wilhelmshöhe) das zweite große Bauprojekt des Landgrafen in seiner Residenzstadt. Ausgangspunkt des über keilförmigem Grundriss angelegten Auegartens ist die Orangerie. Das schlossartige Gebäude wurde 1702–1710 auch als landgräfliches Sommerhaus vermutlich nach Plänen des Architekten Johann Konrad Giesler (Schüler des hugenottischen Baumeisters Paul du Ry) errichtet. Die flankierenden Pavillons, das kunsthistorisch bedeutende Marmorbad und der Küchenpavillon, wurden 1722–1728 sowie 1765 ergänzt.

Der weitläufige Barockgarten war in genialer Weise in die topographische Situation der Flussaue hineinkomponiert. Sein Schöpfer ist unbekannt, der Landgraf stand jedoch in Kontakt zu dem berühmten französischen Gartenarchitekten André Le Nôtre. Der Garten wurde von den bis heute prägenden, fächerförmigen Achsen gegliedert, von denen die äußeren als Kanäle (Küchen- und Hirschgraben) und die mittlere als Hauptallee ausgebildet sind. Diese Mittelallee endet am großen Bassin mit der Schwaneninsel, auf das ein weiteres Gewässer mit der Insel »Siebenbergen« folgt. Im späten 18. Jahrhundert wurden die barocken Gartenparterres von dem Gartenarchitekten Daniel August Schwarzkopf durch eine Gestaltung im Stil englischer Landschaftsgärten ersetzt. In diesem Rahmen entstanden Kleinarchitekturen wie der klassizistische Tempel auf der Schwaneninsel, ein Blickfang der Hauptallee. Nördlich der Orangerie errichtete man 1926 eine Sportstätte, die Hessenkampfbahn. Am stadtseitigen Hang zur Fuldaaue entstand ebenfalls in den 1920er Jahren das Ehrenmal mit seinen markanten Treppen und Terrassen.

Nach starken Zerstörungen durch Bombenangriffe im Zweiten Weltkrieg erfolgten in den Parkanlagen erste Instandsetzungen für die Bundesgartenschau 1955. Der Wiederaufbau des Orangerieschlosses zog sich bis in die 1970er Jahre hin, es dient heute als Sitz des Astronomisch-Physikalischen Kabinetts und wird im ursprünglichen Sinn als Orangerie genutzt. Karlsaue und Orangierie dienen auch als Ausstellungsorte der documenta. Zur Bundesgartenschau 1981 wurden in der Karlsaue die Strukturen des Barockgartens wieder stärker herausgearbeitet. In unmittelbarer Nachbarschaft lassen Karlsaue und Bergpark Wilhelmshöhe den spannenden Kontrast zweier durch völlig unterschiedliche topografische Gegebenheiten geprägte Garten- und Parkanlagen erleben.

Südansicht der Karlsaue mit dem Orangerieschloss, im Hintergrund das Stadtzentrum

RASTATT
STADTANLAGE UND SCHLOSS

Während der Kriegszüge, die König Ludwig XIV. von Frankreich gegen die westlich des Rheins gelegenen deutschen Territorien führte, wurde neben zahlreichen Städten und Dörfern im Jahr 1689 auch der badische Ort Rastatt zerstört. Diese Gelegenheit nutzte Markgraf Ludwig Wilhelm, der als »Türkenlouis« in die Geschichte einging, zur Errichtung einer völlig neuen Residenzstadt. Die Verlegung des Wohn- und Regierungssitzes aus dem ebenfalls beschädigten Schloss in Baden-Baden in die Ebene ist eines der zahlreichen Beispiele, aus Höhenburgen hervorgegangene Residenzen durch Neubauten an Orten ohne topographische Beschränkungen zu ersetzen.

Ab 1697 ließ der Markgraf in Rastatt daher nicht nur ein neues Residenzschloss errichten, sondern auch den Bau der zugehörigen Residenzstadt in Angriff nehmen. Die Entwürfe und Pläne für Schloss und Stadtanlage wurden von dem Baumeister Domenico Egidio Rossi geschaffen. Der 1707 an einer Verwundung verstorbene Ludwig Wilhelm konnte die Vollendung seines Vorhabens nicht mehr erleben. Seine Gemahlin Sibylla Augusta übernahm für zwei Jahrzehnte die Regentschaft und führte den Schloss-Ausbau weiter. Die Vollendung zog sich bis zur Fertigstellung des Südflügels im Jahr 1762 hin, ohne dabei die ursprüngliche Konzeption zu verwischen. Die mächtige hochbarocke Dreiflügelanlage umschließt einen annähernd quadratischen und leicht erhöht über der Stadt gelegenen Ehrenhof. Im Schloss wurde 1714 der Rastatter Frieden unterzeichnet, welcher den zehn Jahre lang auch in Südwestdeutschland ausgetragenen Spanischen Erbfolgekrieg beendete.

Die barocke Residenzstadt ist in eine weite Schleife des Flusses Murg eingebettet. Bestimmendes Element für die Gesamtanlage ist eine von Südwest nach Nordost verlaufende Hauptachse, an der sich Stadt, Schloss und Garten aufreihen. Vor dem Ehrenhof münden die Hauptachse und zwei diagonal verlaufende Straßenzüge, die gemeinsam einen Dreistrahl bilden. Vorbilder für diese Situation sind in Rom (Piazza del Popolo) und – für Rastatt prägend – in Versailles zu besichtigen. Der Dreistrahl wird in der einstigen badischen Residenz jedoch von einer dominanten Querachse gekreuzt, an welcher der Marktplatz mit den Barockbauten Rathaus und St. Alexander-Kirche angelegt ist.

Für den barocken Schlossgarten ist ein Entwurf aus dem Jahr 1705 überliefert. Das Parterre sollte mit einer weiten Blickachse in die Landschaft ausgestattet werden. Die Planungen konnten jedoch vorerst nicht umgesetzt werden. Erst Karl Friedrich von Baden-Durlach ließ ab 1771 von dem Hofgärtner Joseph Enslen einen noch geometrisch gestalteten Garten anlegen. Mit der Bestimmung Rastatts zu einer Festung des Deutschen Bundes entstanden nach 1840 um die Stadt umfangreiche Verteidigungsanlagen, das Schloss wurde zur Festungskommandantur und der Garten zum Exerzierplatz. In den 1920er Jahren entstand an Stelle des Schlossgartens ein Volkspark. Sein heutiges Erscheinungsbild geht auf eine Neugestaltung in den 1980er Jahren zurück: Der schwedische Gartenarchitekt Gunnar Martinsson schuf eine moderne Interpretation des barocken Parterres mit Andeutung der ursprünglichen Sichtachse nach Nordosten. Das Schloss beherbergt heute neben den historischen Räumen das Wehrgeschichtliche Museum und die Erinnerungsstätte für die Freiheitsbewegungen in der deutschen Geschichte.

Blick über die Murg auf die Innenstadt mit Schlossanlage und Gartenparterre

SEEHOF BEI BAMBERG
SCHLOSS MARQUARDSBURG

Im Nordosten der Bischofsstadt Bamberg befindet sich in 5 Kilometer Entfernung eine der frühesten barocken Schlossanlagen Süddeutschlands: das ehemalige Lust- und Jagdschloss Seehof bei Memmelsdorf. Der Name rührt von den im Süden von Schloss und Garten gelegenen kleinen Seen her, die sich hier in einer Niederung aufreihen. Als Vorgänger der Anlage ist seit 1426 ein landwirtschaftlicher Betrieb überliefert, der Ökonomiehof »Seehaus«. Die Gewässer wurden für die Teichwirtschaft genutzt. In den Jahren 1577–1580 entstand an Stelle des Hofes ein Jagdsitz der Bamberger Fürstbischöfe.

Fürstbischof Marquard Sebastian Schenk von Stauffenberg ließ von 1687–1696 die heutige Schlossanlage errichten, welche den Namen Marquardsburg erhielt. Die Entwürfe schuf der aus dem Tessin stammende und seinerzeit in Würzburg ansässige Baumeister Antonio Petrini. Die Werke dieses Architekten bildeten die Grundlage für die Entwicklung der Barockbaukunst in Franken, deren spätere Werke zu den bedeutendsten Zeugnissen dieser Epoche gehören. Schloss Seehof ist als Vierflügelanlage mit quadratischem Grundriss und Ecktürmen konzipiert. Damit zeigt es große Ähnlichkeit mit dem berühmten Schloss Johannisburg in Aschaffenburg und steht somit noch in der Tradition der deutschen Renaissanceschlösser. Markant sind die vier wuchtigen Hauben über den Ecktürmen, welche das kompakte Erscheinungsbild bestimmen. Bis in die Zeit um 1750 erfolgten Umbauten und Ausstattungsarbeiten, an denen berühmte Architekten wie Johann Dientzenhofer und Balthasar Neumann beteiligt waren.

Schloss Seehof steht inmitten einer weitläufigen rechteckigen Gartenanlage, die in den Jahren 1698–1705 entstand. Sie wurde bis 1779 durch Wasserkünste, ein Labyrinth, Gartenplastiken und Nebengebäude bereichert. Obwohl der Quadratgrundriss des Gebäudes keine Richtung vorgibt, etablierte sich die von den Hofdurchgängen des Schlosses ausgehende Achse von Nordwesten nach Südosten als Hauptachse. Sie erstreckt sich über das Gartengeviert hinaus und findet ihre Blickpunkte in der Fasanerie im Nordwesten (heute Friedhof) und in der südöstlich gelegenen Schweizerei, einem Betrieb für Vieh- und Milchwirtschaft. Mit dem nördlichen Memmelsdorfer Tor und den flankierenden Orangieriebauten von Balthasar Neumann (1733–1737) sowie der reich mit Plastiken ausgestatteten Kaskade im Süden des Schlosses (ab 1748) erhielt auch die Querachse eine starke Betonung. Die barocke Gartenanlage war von italienischen Villengärten und niederländischen Vorbildern beeinflusst.

Von der einst bedeutenden, besonders durch die Zutaten der Rokokozeit geprägten Gartenanlage ist heute lediglich die Grundstruktur erhalten. Seehof gelangte nach der Säkularisation 1803 an die in Bayern regierenden Wittelsbacher und wurde 1841 an die Familie von Zandt verkauft. Nach einem weiteren Besitzwechsel im Jahr 1951 gingen zahlreiche Ausstattungen und Parkskulpturen durch Veräußerung verloren. Erst nach dem Erwerb durch den Freistaat Bayern konnten nach 1975 die Sanierung des Schlosses und Wiederherstellungen wichtiger Elemente des inzwischen verwilderten Gartens in Angriff genommen werden. Im Schloss befindet sich eine Dienststelle des Bayerischen Landesamts für Denkmalpflege.

Blick von Westen über die Fasanerie auf Schloss und Gartenanlagen, im Hintergrund die Schweizerei

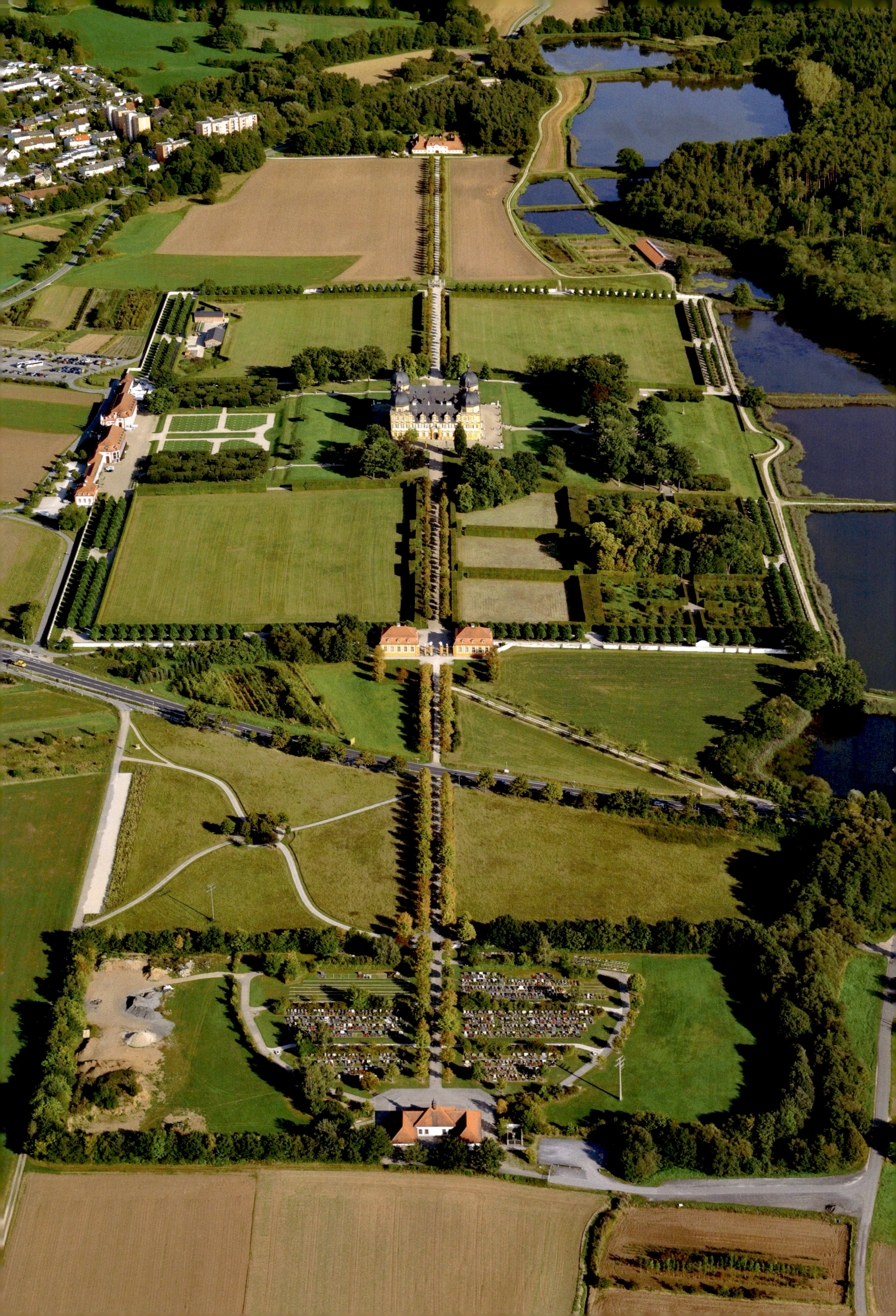

MÜNCHEN
SCHLOSS NYMPHENBURG

Im Nordwesten des Münchner Stadtzentrums ließen die bayrischen Kurfürsten eine Sommerresidenz errichten, die mit ihren Bauwerken, Gärten und Parks zu den großen Sehenswürdigkeiten der Landeshauptstadt gehört. Die weitläufigen Anlagen von Nymphenburg entstanden in einer Zeitspanne von über einem Jahrhundert. Trotz der langen Baugeschichte zeigen sie eine einheitliche Wirkung, denn die einzelnen Bauabschnitte wurden von den seinerzeit führenden Architekten und Gartenkünstlern des Landes jeweils sorgfältig aufeinander abgestimmt.

Seinen Ursprung hat Schloss Nymphenburg in einem Lusthaus, das ab 1664 für Henriette Adelheid von Savoyen, der Gemahlin des bayrischen Kurfürsten Ferdinand Maria, errichtet wurde. Das nach dem Vorbild italienischer Landvillen errichtete Bauwerk bildet mit seinem Walmdach noch heute den Kern der ausgedehnten Schlossanlage. Seine aus Italien stammenden Architekten Amedeo di Castellamonte und Agostino Barelli schufen somit eines der frühesten Barockgebäude in Bayern. Mit dem Lusthaus entstand 1671 ein ebenfalls im italienischen Stil angelegter Lustgarten.

In den Jahren 1701 bis 1704 ließ Kurfürst Max II. Emanuel das Lusthaus mit zwei über Galerien angeschlossene Pavillonbauten zur Sommerresidenz erweitern. Diesen folgten die äußeren Pavillons, die mit ihren anschließenden Längstrakten zu den großen Vierflügelanlagen von Marstall und Orangerie überleiten. Mit der 1758 erfolgten Vollendung der im Norden gelegenen Orangerie war die Gesamtanlage von Schloss Nymphenburg auf eine Breite von 632 Meter angewachsen. Dem Ausbau zur Sommerresidenz folgte die Errichtung eines neuen und erweiterten Gartenparterres, das im Wesentlichen ab 1701 nach Plänen der Gartenarchitekten Charles Carbonet und Dominique Girard nach französischen und niederländischen Vorbildern angelegt wurde. Zur Schaffung der Kanäle war eine Zuleitung vom Flusslauf der Würm erforderlich. Der Schlossgartenkanal endet im Westen an der Großen Kaskade. Mit den Parkburgen entstanden im Umfeld des barocken Parterres reizvolle Architekturen, deren Gipfelpunkt die 1734–1739 von François Cuvilliés errichtete Amalienburg mit ihrer einzigartigen Rokoko-Ausstattung darstellt.

Nach 1728 entstand östlich des Schlosses der Nymphenburger Kanal, der die mittlere Gartenachse aufnimmt und das Stadtquartier bis heute prägt. Er beginnt innerhalb des halbkreisförmigen Rondells mit einem Bassin und führt bis an den Hubertusbrunnen im Osten. Die weitläufige Anlage des 1730 errichteten Rondells war als Ausgangspunkt einer von Kurfürst Karl Albrecht erdachten und nicht verwirklichten Stadtplanung – der Carlstadt – vorgesehen. Die beiden Hauptkanäle erstrecken sich einschließlich Schloss und Garten über eine Gesamtlänge von vier Kilometern.

Ab 1804 wurde der Garten durch Friedrich Ludwig Sckell, den Schöpfer des Englischen Gartens in München, zu einem Landschaftspark umgestaltet. Dabei blieb die Grundstruktur mit den Hauptachsen aus der Barockzeit als bestimmende Elemente erhalten. Die beiden aus dem Barockgarten übernommenen diagonalen Sichtschneisen gehören zu den besonders reizvollen Bestandteilen des Landschaftsparks. Die einstige Sommerresidenz ist heute vollständig in das Stadtgebiet der bayrischen Metropole eingebettet und stellt nicht nur ein erstrangiges Kulturdenkmal dar, sondern auch ein Refugium der Erholung.

Blick über den Nymphenburger Kanal nach Westen mit Rondell sowie Schloss und Parkanlagen

HANAU
SCHLOSS PHILIPPSRUHE

Die an der Mündung der Kinzig in den Main gelegene Stadt Hanau geht auf eine Siedlung zurück, die in Zusammenhang mit der dortigen Marienkapelle 793 erstmals erwähnt wurde. Vom späten Mittelalter bis 1736 war Hanau Residenz einer gleichnamigen Grafschaft. Dieses Territorium umfasste überwiegend Teile Mittelhessens und war zwischenzeitlich in Hanau-Münzenberg und Hanau-Lichtenberg geteilt. Die alte Hauptstadt wurde 1597 von Graf Philipp Ludwig II. mit einer Neustadt erweitert, womit eine der bemerkenswertesten Stadtanlagen der Renaissance in Deutschland entstand. Das einst überaus reizvolle Hanau wurde im Zweiten Weltkrieg völlig zerstört.

Im Südwesten der Innenstadt befindet sich in eineinhalb Kilometer Entfernung im Ortsteil Kesselstadt das Schloss Philippsruhe. Die am nördlichen Mainufer gelegene Schlossanlage ist über die schnurgerade geführte Philippsruher Allee mit dem ehemaligen Kanaltor verbunden. Dieses Tor war Bestandteil der einstigen Bastionärbefestigung der Hanauer Neustadt, die sich bis heute im Stadtgrundriss abzeichnet. Philippsruhe wurde im Wesentlichen in den Jahren 1701–1712 als neue Residenz für Graf Philipp Reinhard von Hanau-Münzenberg errichtet. Die Entwürfe lieferte der Baumeister Julius Ludwig Rothweil, der auch die planmäßig angelegte Stadt Arolsen und das dortige Schloss konzipierte.

Die barocke Schlossanlage zeigt sich als U-förmiger Baukörper mit offenem Ehrenhof, dem vorn zwei niedrige Seitenflügel mit flankierenden Pavillons angefügt sind. Diesen Seitengebäuden stehen östlich zwei entsprechende Parallelflügel gegenüber. Damit ist eine großzügige, nach Norden, zum Mainufer nach Süden und zur Allee hin offene Hofsituation entstanden. Während der Jahre 1820/21 und 1875–1880 erfolgten Umbaumaßnahmen, die jeweils im Stil der Zeit vorgenommen wurden und den barocken Charakter des Schlosses verunklärten. Eine prägende Zutat des Historismus war die Aufstockung des Mittelbaus mit einem Turm.

Als Hauptachse fand die Philippsruher Allee ihre Fortsetzung im ursprünglich regelmäßig angelegten Gartenparterre. Der einstige Barockgarten wurde im 19. Jahrhundert zu einem englisch inspirierten Landschaftspark umgestaltet. Im Nordwesten des Parks befindet sich die barocke Orangerie. Vor dem Schloss enden zwei weitere, V-förmig nach Norden weisende Straßenachsen: die Burgallee in Richtung Wilhelmsbad und die Kastanienallee.

Nach dem Tod des letzten Grafen von Hanau gelangte Philippsruhe an Hessen-Kassel und schließlich an die hessische Nebenlinie Rumpenheim, in deren Auftrag die historistischen Umbauten vorgenommen wurden. Das seit 1920 in der Obhut der Stadt Hanau befindliche Anwesen ist heute Heimstatt des Historischen Museums sowie des Papiertheater-Museums und beherbergt seit 2019 außerdem das GrimmsMärchenReich.

Blick von Südwesten über Park, Schlossanlage und Philippsruher Allee

NORDKIRCHEN
SCHLOSS

Nahe der kleinen Ortschaft Nordkirchen im südlichen Münsterland ist die bedeutendste barocke Schlossanlage Westfalens zu finden. Sie geht auf eine der landschaftstypischen Wasserburgen zurück und setzte sich aus Vorburg und Kernburg zusammen, die beide von Wassergräben (Gräften) umschlossen waren. Diese Burg war im 16. Jahrhundert zu einem Renaissanceschloss umgebaut worden und kam 1694 von der Familie von Morrien in den Besitz des Fürstbischofs von Münster, Friedrich Christian von Plettenberg.

Anfangs konzipierte der Bischof und Landesherr einen weitgehenden Umbau der vorhandenen Baulichkeiten. Ab 1703 wurde schließlich ein vollständiger Neubau nach Plänen des Baumeisters Gottfried Laurenz Pictorius errichtet, wobei niederländische Architekten beratend hinzugezogen wurden. Es entstand eine nach Süden offene und gestaffelte Dreiflügelanlage, die wie der Vorgängerbau von zweifachen Gräften umgeben ist. Die Fassadengestaltung mit Backstein und hellgelbem Sandstein ist regionaltypisch und deutlich von den Niederlanden beeinflusst. Im Inneren des Schlosses sind kostbare Raumausstattungen erhalten, an denen auch Johann Conrad Schlaun, der bedeutendste westfälische Barockbaumeister, beteiligt war. Die vier achteckigen Türme an den Ecken der annähernd quadratischen Schlossinsel bilden Zitate der ursprünglichen Wasserburg. Nachdem der Bauherr bereits 1706 verstorben war, wurden die Bauarbeiten an Schloss- und Gartenanlagen von seinem Neffen Ferdinand von Plettenberg weitergeführt und erstreckten sich bis in die 1730er Jahre.

Das Schloss steht im Fokus einer weit gespannten Nord-Süd-Achse, die sich im Norden über die Gräften und das neobarocke Gartenparterre auf der Venusinsel zur Ortschaft Nordkirchen fortsetzt. Das Broderieparterre auf der Venusinsel vor der nördlichen Schlossfassade wurde 1906 von dem Pariser Gartenarchitekten Achille Duchêne konzipiert und 1989 nach seinen Plänen rekonstruiert. Im Süden verläuft die Achse als Allee von 1200 Meter Länge in Richtung Südkirchen.

Nach Westen erstreckten sich die nicht erhaltenen ausgedehnten Gartenanlagen, welche zu den bedeutendsten Werken der Gartenkunst des 18. Jahrhunderts in Nordwestdeutschland gehörten. Ihre Hauptachse mündete entsprechend seitlich auf dem Schlosshof. Die Hauptzufahrt auf das Schlossgelände erfolgt in schräger Richtung von Osten, die Allee stößt an der äußeren Gräfte auf das Tor am Vorwerk. Sämtliche Zugänge zur Schlossanlage überqueren die Gräften mit steinernen Bogenbrücken.

Nach mehreren Besitzwechseln – von 1833 bis 1903 an die Familie Esterházy de Galántha und anschließend an die Herzöge von Arenberg – gelangte das »Westfälische Versailles« 1958 an das Land Nordrhein-Westfalen, das dort eine Fachhochschule für Finanzen eingerichtet hat. Die baulich vernachlässigte Anlage wurde in langjähriger Arbeit restauriert und ist im Rahmen von Führungen zu besichtigen.

Aufnahme von Süden mit Alleen, Schlossanlage und Venusinsel, links: Übergang zu den ehemaligen Gartenparterres

LUDWIGSBURG
SCHLOSS

Das schwäbische Ludwigsburg ist ein Paradebeispiel für eine im 18. Jahrhundert völlig neu und auf dem Reißbrett entstandene Residenzstadt in Deutschland. Selbstverständlich stand auch für das 15 Kilometer nördlich der württembergischen Hauptstadt Stuttgart gelegene Ludwigsburg das seinerzeit alles überstrahlende Vorbild Pate: Versailles. In Ludwigsburg zeigt sich jedoch eine ganz eigenständige Lösung: Im Gegensatz zu Versailles oder Karlsruhe steht das Schloss nicht im Fokus der Stadtanlage.

Im Jahr 1704 begann Herzog Eberhard Ludwig von Württemberg an Stelle eines älteren Jagdsitzes mit dem Bau seiner neuen Residenz Ludwigsburg. Der Landesherr residierte bisher in Stuttgart in einem Renaissanceschloss, das um 1700 jedoch als nicht mehr zeitgemäß galt. Ein weiterer Grund für die Verlegung des Wohn- und Regierungssitzes war der Einfluss der Mätresse Gräfin Wilhelmine von Grävenitz auf den Herzog.

Schloss Ludwigsburg wuchs im Laufe einer über zwanzigjährigen Bauzeit zu einer der größten Barockresidenzen Deutschlands heran. Am Anfang stand die Errichtung des nördlichen Gebäudeteils, des Fürstenbaus, der später als Altes Corps de logis bezeichnet wurde. Seine von italienischen Palästen inspirierte Architektur geht auf Entwürfe des Hofbaumeisters Philipp Joseph Jenisch zurück. 1707 wurde der Kernbau von Johann Friedrich Nette durch Seitenflügel zu einer U-förmigen Anlage erweitert. Es folgten ab 1714 die von Donato Giuseppe Frisoni konzipierten Sakralbauten für den württembergischen Jagdorden und die Hofkirche sowie - in Verlängerung der Seitenflügel - die Kavaliersflügel. Ab 1725 erhielt die Schlossanlage mit dem Neuen Corps de logis, der im Süden über Galerien an die bisherigen Flügelbauten angeschlossen wurde, seine endgültige Gestalt. Hinzu kamen noch Festinbau und Theater, sie schließen jeweils seitlich an die Kavaliersflügel an. Aus dem offenen Ehrenhof war eine ungemein weitläufige, aber baulich geschlossene Hofanlage geworden. Vor dem Neuen Corps de logis befindet sich das ursprünglich nach französischem Muster angelegte Gartenparterre. Die Hauptachse ordnet die Gesamtanlage von Schloss, Gärten und Parks. Sie zielt im Norden effektvoll auf das 1723 vollendete Lustschloss Favorite.

Das planmäßig angelegte Stadtzentrum von Ludwigsburg erstreckt sich im Westen des Residenzbezirks. In ihrem Kern ist ein quadratischer Marktplatz angelegt. Die von West nach Ost führende innerstädtische Hauptstraße, die Wilhelmstraße, kreuzt das Schlossareal und seine prägende Achse im Süden des in barocker Manier wiederhergestellten Gartenparterres. Im landschaftlich gestalteten östlichen Schlossgarten ließ Friedrich I. 1802 als romantische Ruine die Emichsburg errichten.

Mit dem Bau des Neuen Schlosses in Stuttgart unter Herzog Karl Eugen ab 1746 wurde die Residenz wieder in die Hauptstadt verlegt. Ludwigsburg blieb im Zweiten Weltkrieg unzerstört und hat trotz baulicher Fehltritte seinen Charakter als Barockresidenz bewahren können. Die Schlossanlage gehört mit ihrer Ausstattung, welche die Entwicklung vom Hochbarock zum Rokoko repräsentiert, zu den bedeutendsten ihrer Art in Deutschland.

Aufnahme von Süden mit Gartenparterre und Schlossanlage, im Hintergrund das Lustschloss Favorite

BAD AROLSEN
RESIDENZSCHLOSS

Das nordhessische Bad Arolsen gehört zu den Beispielen für eine auf dem Reißbrett entstandene Barockresidenz in einem der kleinen Territorialstaaten im Heiligen Römischen Reich Deutscher Nation. Der nordhessische Ort war Residenz des 1712 zum Fürstentum erhobenen Landes Waldeck, dessen Selbständigkeit erst 1929 erlosch. Es war nach dem Stammsitz des gleichnamigen Adelsgeschlechts benannt, der über dem Stausee der Edertalsperre gelegenen Burg Waldeck.

Arolsen geht auf ein 1131 gegründetes Augustinerinnen-Chorherrenstift zurück, über das die Grafen von Waldeck die Vogtei übernahmen. Nach der Aufhebung des Klosters entstand im 16. Jahrhundert ein Renaissanceschloss. Ab 1670 ließ der Waldecker Graf Georg Friedrich die Große Allee anlegen, um das Schloss mit dem südwestlich gelegenen Lustschloss Charlottental zu verbinden. Schließlich erfolgte auf Veranlassung Graf Friedrich Anton Ulrichs von Waldeck ab 1710 die Errichtung einer barocken Schlossanlage. Neun Jahre später gründete der Landesherr die neue Residenzstadt Arolsen.

Die Planungen für Stadt und Schloss gehen auf den Baumeister Julius Ludwig Rothweil zurück. Er entwarf ein auf den Vorplatz des Schlosses (Paradeplatz) ausgerichtetes Achsenkreuz, wobei die Nord-Süd-Achse auf den Mittelbau des Schlosses bezogen ist. Nördlich der Schlossanlage führt diese Achse als Lindenallee durch den im englischen Stil umgestalteten Garten und weiter in ein Waldgebiet, den ehemaligen Tiergarten. Die Ost-West-Achse wurde als Hauptstraße der Stadt konzipiert, dort war zu beiden Seiten der Schlossachse die Errichtung symmetrischer Straßenzüge mit Plätzen für freistehende Kirchenbauten vorgesehen.

Das als typische dreiflügige Barockanlage mit Ehrenhof und äußeren Flügelbauten angelegte Residenzschloss wurde 1729 im Außenbau fertiggestellt. Der Ausbau der Stadt erfolgte bis in das 19. Jahrhundert jedoch nur einseitig entlang des Westarms der Querachse, er erstreckte sich über Schloss- und Bahnhofstraße mit dem Kirchplatz. Auch der großzügig gedachte Paradeplatz blieb unvollendet: Dem erst 1749–1758 errichteten viertelkreisförmigen Marstall fehlt sein ostseitiges Pendant. Die Schlossstraße wurde mit freistehenden Häusern in einheitlicher Gestaltung bebaut und hat ihr barockes Erscheinungsbild bewahrt. Südlich von Schloss- und Bahnhofstraße verläuft die Große Allee.

Im Schloss befindet sich heute neben den historischen Innenräumen die Bibliothek Adolf Brehm, während im ehemaligen Marstall ein Museum für den in Arolsen geborenen Bildhauer Christian Daniel Rauch eingerichtet ist. Die einstige Residenzstadt Arolsen ist ein bemerkenswertes und außerordentlich gut erhaltenes Beispiel für ein ambitioniertes Bauprogramm in einem absolutistisch regierten Kleinstaat, das die wirtschaftlichen Möglichkeiten des Landes letztlich überstieg.

Aufnahme der Schlossanlage von Süden, vorn: der Paradeplatz

BALLENSTEDT
ALLEE UND SCHLOSS

Das Wahrzeichen der ehemaligen anhaltinischen Residenzstadt Ballenstedt am Harz ist die Schlossanlage mit dem weithin sichtbaren, wuchtigen Westbau der ehemaligen Stifts- und Klosterkirche St. Pancratius und Abundus. Ballenstedt wurde 1030 erstmals in einer Urkunde des Grafen Esico, dem Stammvater der Askanier, erwähnt. Seine Schwester war die berühmte Uta, eine der Stifterinnen und Stifter des Naumburger Doms. Für 1046 ist die Weihe eines Kollegiatstifts in Ballenstedt belegt. Dieses wurde 1123 von Albrecht dem Bären in ein Benediktinerkloster umgewandelt, welches er 1170 zu seiner Grablege wählte.

Nach der Beschädigung des Klosters im Bauernkrieg (1525) errichtete Fürst Wolfgang von Anhalt-Bernburg hier eine Nebenresidenz. Dafür wurden die Stifts- bzw. Klostergebäude entsprechend umgebaut. Das heutige Schloss erhielt seine prägende Gestalt im 18. Jahrhundert noch bevor der Ort 1765 durch Herzog Friedrich Albrecht zur Hauptresidenz von Anhalt-Bernburg aufstieg. Bernburg war ein Teilfürstentum des Herzogtums Anhalt, das im Jahr 1863 wieder unter einer Herrschaft mit der Residenz in Dessau zusammengeführt wurde. Schloss Ballenstedt besteht aus drei Flügeln und öffnet sich U-förmig nach Osten. Erhalten blieb der romanische Westbau der Stiftskirche, der über dem westlich und nördlich der Schlossanlage gelegenen und von Peter Joseph Lenné gestalteten Landschaftspark aufragt.

Im Osten der Schlossanlage fällt das Terrain kontinuierlich zum alten Stadtkern von Ballenstedt ab. Dort verbindet eine ab 1710 angelegte, schnurgerade Allee die Innenstadt mit dem Schlossquartier. Sie zielt genau auf das Tor der Schlossanlage, die ihrerseits jedoch nicht symmetrisch auf die Allee ausgerichtet ist. Daran anschließend befinden sich barocke und klassizstische Häuser, in denen Hofbeamte und Bedienstete der Residenz wohnten. Sie bilden den Auftakt für den Schlossvorplatz.

Am Schlossplatz befinden sich weitere Bauwerke, die zum Ensemble der einstigen Residenz gehören: das 1788 errichtete, frühklassizistische Schlosstheater und das heutige Schlosshotel, dessen Ursprünge in einem von Fürst Victor Friedrich 1732–1733 errichteten Jagdzeughaus liegen. Weiter südlich steht der 1810 erbaute Marstall. Ballenstedt ist ein sehr gut erhaltenes Beispiel für eine kleine Residenz des 18. und 19. Jahrhunderts. Von besonderem Rang ist die reizvolle Verbindung von Architektur und Landschaft.

Blick auf die Schlossallee von Osten, im Hintergrund Schlossvorplatz und Schlossanlage

KARLSRUHE
STADTANLAGE

Karlsruhe gehört zu den Idealstädten aus dem Zeitalter des fürstlichen Absolutismus in Deutschland, die nach einheitlicher Planung auf bisher unbebautem Gelände errichtet wurden. Einzigartig ist der fächerförmige Grundriss der ehemaligen Residenzstadt, dessen strahlenförmig geführte Straßen selbstverständlich auf die Schlossanlage, genauer: auf den Schlossturm zielen. Grundfigur des Stadtentwurfs ist jedoch ein Vollkreis mit 32 Speichen. Das Konzept für diesen Entwurf stammt von dem Stadtgründer Markgraf Karl III. Wilhelm von Baden-Durlach selbst. Der Herrscher widmete sich nach den Verwüstungen des bis 1714 währenden Spanischen Erbfolgekriegs dem Wiederaufbau des Landes. Mit der Gründung der nach ihm benannten Fächerstadt konnte er seinen Regierungssitz ohne Bindung an vorhandene Strukturen schaffen.

Geburtsstunde Karlsruhes war die Grundsteinlegung für den Schlossturm am 17. Juni 1715, er bildet seitdem das Zentrum der Stadtanlage. Das ursprünglich als Fachwerkbau errichtete Schloss genügte bereits nach wenigen Jahrzehnten nicht mehr den Anforderungen einer zeitgemäßen Residenz. An den Entwürfen für das während der Regentschaft des Markgrafen Karl Friedrich in den Jahren 1752 bis 1775 errichtete neue Schloss war Balthasar Neumann beteiligt. Die Ausführung lag in den Händen des Baudirektors Albrecht Friedrich von Kesslau. Der von seinem Vorgängerbau übernommene Grundriss des Schlosses gab mit seinen abgewinkelten Seitenflügeln den für die bebaute Stadtfläche vorgesehenen Kreissektor vor. Er weist neun Fächerstraßen auf, von denen die in Süd-Nord-Richtung verlaufende Karl-Friedrich-Straße als Hauptachse ausgebildet wurde. Der viertelkreisförmige Vorplatz des Schlosses bildet die konstituierende Kreisfigur im Stadtgrundriss ab.

Der ursprüngliche, barocke Schlossgarten wurde auf der Stadtseite des Schlosses angelegt. Ab 1731 entstand nördlich des Schlosses ein neuer Barockgarten, der in den folgenden Jahrzehnten mehrfach verändert wurde. Ein Teil der Anlagen war als chinesischer Garten ausgebildet. Im Jahr 1787 begann die umfassende Umgestaltung zu einem englischen Landschaftspark durch den Hofgärtner Friedrich Schweickhardt. Die radialen Achsen der ursprünglichen Stadtplanung sind auch im Parkbereich noch teilweise sichtbar. Der Landschaftspark geht im Norden in den Hardtwald über.

Nach der Erhebung Baden-Durlachs zum Großherzogtum im Jahr 1806 wurde Karlsruhe großzügig ausgebaut. Nun erhielt der Stadtgrundriss durch eine entlang der Hauptachse konzipierte Platzfolge neue Konturen. Nach den Plänen des Architekten Friedrich Weinbrenner entstanden nicht nur der am südlichen Stadteingangs gelegene Rondellplatz und der zentrale Marktplatz, sondern mit Rathaus und Stadtkirche auch klassizistische Repräsentativbauten, die das Zentrum Karlsruhes bis heute prägen. Ein Wahrzeichen der badischen Stadt ist die ebenfalls von Weinbrenner 1823–1825 über der Grabstätte des Stadtgründers auf dem Markt errichtete Pyramide. In dem Mausoleum wird ein von Weinbrenner geschaffener Reliefplan der Stadt aufbewahrt.

Nach starken Zerstörungen im Zweiten Weltkrieg blieb die Grundrissfigur Karlsruhes erhalten und die wichtigsten Baudenkmäler konnten wiederhergestellt werden. Das 1944 völlig ausgebrannte Schloss erhielt einen modernen Innenausbau und beherbergt das Badische Landesmuseum. In den modernen Gebäuden, die den Schlossvorplatz seitlich einfassen, sind heute wichtige öffentliche Einrichtungen wie das Bundesverfassungsgericht untergebracht.

Blick von Süden auf die Karl-Friedrich-Straße mit Rondellplatz, Marktplatz und Schlossanlage

HÖXTER
CORVEYER ALLEE UND KLOSTER CORVEY

Im Jahr 822 wurde in der Nähe des Königsgutes »villa regia Huori«, in einem Weserbogen gelegen, die Reichsabtei Corvey gegründet. Die Initiative der Klostergründung in den zuvor eroberten sächsischen Gebieten im östlichen Frankenreich ging vermutlich noch auf Karl den Großen zurück, ihre Umsetzung erfolgte schließlich unter Ludwig dem Frommen. Das Benediktinerkloster erlangte in den ersten drei Jahrhunderten überragende Bedeutung und spielte eine entscheidende Rolle in der Christianisierung Nordeuropas. Seit 2014 gehören das 873–885 entstandene, karolingische Westwerk der Klosterkirche und die Civitas Corvey zum UNESCO-Weltkulturerbe. Der Name des ehemaligen Reichsklosters geht auf das Mutterkloster Corbie an der Somme (bei Amiens) zurück: Die Weserabtei wurde als Corbeia Nova gegründet, im Laufe der Zeit entstand daraus Corvey.

Die ehemalige Klosteranlage liegt eineinhalb Kilometer östlich der Altstadt von Höxter. Sie wurde 1803 säkularisiert und ist seitdem mit Ausnahme der Abteikirche in weltlichem Besitz. Im Hochmittelalter war das Kloster von einer Stadtsiedlung umgeben, die von den Corveyer Äbten in Konkurrenz zur Stadt Höxter angelegt worden war. Höxter selbst geht auf eine bereits im 8. Jahrhundert bestehende sächsisch-fränkische Siedlung zurück. Damit existierte im Umfeld des Benediktinerklosters während des 12. und 13. Jahrhundert eine Doppelstadt und somit einer der größten Siedlungskomplexe Norddeutschlands.

Nach der Zerstörung durch Truppen des Paderborner Bischofs und der Stadt Höxter im Jahr 1265 wurde die Corveyer Stadtsiedlung zur Wüstung. Nachdem die Blütezeit Corveys längst verloschen war, erlitt die traditionsreiche Abtei im Dreißigjährigen Krieg umfangreiche Schäden und wurde geplündert. Im späten 17. und frühen 18. Jahrhundert konnte die Anlage in barocken Formen wiederaufgebaut werden, wobei das berühmte Westwerk erhalten blieb. Nun entstand ein großes schlossähnliches Abteigebäude, das auch als Residenz den Anspruch der Äbte als Landesherren über das kleine Land und die Stadt Höxter untermauerte.

Den Schlusspunkt der barocken Neugestaltung Corveys war die Anlage einer schnurgeraden Allee vom Haupttor der Klosteranlage in die Altstadt von Höxter. Sie erfolgte 1715 unter dem Abt Maximilian von Horrich. Die Allee spannt sich zwischen dem Neuen Corveyer Tor in Höxter und dem Haupttor des Klosterkomplexes mit seinen wuchtigen Torpfeilern auf, wo die Besucher von Statuen Karls des Großen und Ludwigs des Frommen begrüßt werden. Die Allee setzt sich in Höxter mit den bereits im Mittelalter entstandenen geraden Straßenzügen von Corbie- und Grubestraße fort. Die beiden Straßenzüge und die barocke Allee orientierten sich an einem von den Mönchen bereits im 9. Jahrhundert angelegten künstlichen Bachlauf der Grube, die zur Frischwasserversorgung der Abtei diente. Damit findet die heutige Sichtachse ihren Ursprung in einer bedeutenden Kulturleistung der Karolingerzeit.

Teilansicht der Altstadt Höxter mit Corveyer Allee von Westen, im Hintergrund die ehemalige Reichsabtei

BRUCHSAL
SCHLOSSANLAGE

Die Schlossanlage von Bruchsal entstand im 18. Jahrhundert als Residenz der Fürstbischöfe von Speyer. Sie gehört zu den weitläufigsten und vielgestaltigsten Barockresidenzen Deutschlands. Es handelt sich um ein einheitlich konzipiertes Gebäudeensemble, in dem die wesentlichen Funktionen eines absolutistischen Regierungssitzes zusammengefasst waren. In diesem von Repräsentation und Zweckmäßigkeit gleichermaßen geprägten Residenzquartier spielten Achsen eine entscheidende Rolle.

Die aus einem Königshof hervorgegangene Ortschaft Bruchsal wurde 976 erstmals erwähnt. Sie gelangte 1056 durch Schenkung Kaiser Heinrichs III. an den Bischof von Speyer. Die kleine Stadt wurde im Dreißigjährigen Krieg und besonders 1689 von französischen Truppen zerstört. Dreißig Jahre später wählte der Speyerer Bischof Damian Hugo von Schönborn Bruchsal als den Ort für seine neue Residenz. Seine Domstadt war gleichzeitig Freie Reichsstadt, so dass die Bürger von Speyer einen Regierungssitz in ihren Mauern verhinderrn konnten. Der Bischof war ein Angehöriger der berühmten Dynastie der Schönborns, deren Familienmitglieder unter anderem als Bischöfe von Mainz, Bamberg und Würzburg eine unvergleichliche Bauleidenschaft entfalteten.

Damian Hugo ließ den Bau der neuen Residenz ab 1720 im Norden der Stadt Bruchsal beginnen. Die Gesamtplanung lag sehr wahrscheinlich in den Händen des kurmainzischen Baudirektors Maximilian von Welsch. Nachdem der Rohbau des Kernschlosses (Corps de Logis) unfertig liegen geblieben war, griff 1731 Balthasar Neumann aus Würzburg in die Planungen ein und schuf das einzigartige Treppenhaus und den weit nach außen gerückten Turm der Schlosskirche.

Eine der beiden prägenden Achsen, die heutige Schönbornstraße, führt durch das Damianstor aus der Stadt nach Norden. Sie bildet die Auffahrt auf das Schlossgelände. Die repräsentative Hauptachse verläuft senkrecht dazu und verknüpft den Ehrenhof mit der Torwache und dem gegenüberliegenden Kanzleigebäude über das Corps de Logis mit dem Schlossgarten. Beide Achsen ordnen das für eine Barockresidenz einzigartig vielteilige Gebäudeensemble, in dem alle repräsentativen wie praktischen Funktionen des Regierungssitzes geschickt zusammengefasst waren. Der Fürstbischof begründete das außergewöhnliche Konzept der separierten Bebauung ausdrücklich mit einer besseren Feuersicherheit.

Der ursprünglich in französischer Manier nach Plänen Maximilian von Welschs angelegte Barockgarten erhielt im späten 18. Jahrhundert eine Umgestaltung zu einem englischen Garten. Leider wurde die weiter nach Westen in die Landschaft geführte Gartenachse (Baumallee) mit einem Bahnkörper durchschnitten. Nach der weitgehenden Zerstörung von Stadt und Schlossanlage durch einen Bombenangriff am 1. März 1945 konnte das hochbedeutende Ensemble in jahrzehntelanger Arbeit wiederaufgebaut werden.

Blick auf die Schlossanlage von Osten, im Vordergrund die Schönbornstraße

DRESDEN
SCHLOSS PILLNITZ

In zwölf Kilometern Entfernung vom Zentrum der Elbestadt Dresden befindet sich stromaufwärts eines der berühmten Lustschlösser des sächsischen Kurfürsten Friedrich August I., der als August der Starke in die Geschichte einging. Er verkörperte einen Barockfürsten par excellence: Sein politisch-militärischer Ehrgeiz paarte sich mit einer selbst für das Zeitalter des Absolutismus ungewöhnlichen Bauleidenschaft; weiterhin prägten prachtvolle Festivitäten und zahlreiche Mätressen seine Herrschaft. Die politischen Ambitionen brachtem dem Fürsten die Krönung zum König von Polen. Zahlreiche von Friedrich August initiierte Bauprojekte in Dresden und in Warschau blieben unvollendet. Der Landesherr legte jedoch den Grundstein zum Ruhm Dresdens als eine der führenden Kunststädte nördlich der Alpen.

In dem einst sorbischen Dorf Belennewitz ließ die Familie von Loß seit dem späten 16. Jahrhundert an Stelle eines älteren Herrensitzes in der Nähe der Elbe ein vierflügliges Renaissanceschloss sowie eine Schlosskapelle errichten. Nach mehreren Besitzerwechseln wurde das Anwesen 1694 von Kurfürst Johann Georg IV. erworben. August der Starke erkannte die Vorzüge des in reizvoller Landschaft unmittelbar am Elbstrom gelegenen Ortes. Er veranlasste 1719 umfassende Planungen für ein Lustschloss inmitten einer weitläufigen Gartenanlage. Die Bauarbeiten begannen 1720 mit der Errichtung des Wasserpalais und der 1725 vollendeten Treppenanlage am Flussufer. Das Lusthaus wurde in einer heiteren Formensprache mit ostasiatischen Architekturmotiven gestaltet. Die Ufertreppe diente als Anlegestelle für Gondeln. Mit dem 1723/24 erfolgten Bau des gegenüberliegenden Bergpalais, das die Architektur des Wasserpalais spiegelte, war der erste Bauabschnitt abgeschlossen. Beide Palais wurden von Matthäus Daniel Pöppelmann entworfen und bilden die Querachse des Gartenparterres, dessen Hauptachse parallel zum Flusslauf nach Westen hin orientiert ist. Die großzügigen Planungen von 1719 blieben indessen unausgeführt.

In der langen Regierungszeit Kurfürst Friedrich August III. (ab 1806 König Friedrich August I.) erhielten die Anlagen von Pillnitz ihre heutige Gestalt. Er wählte Pillnitz 1765 als Sommerresidenz und ließ zunächst die Flügelbauten von Wasser- und Bergpalais hinzufügen. Als neues Hauptschloss entstand 1819–1826 nach Plänen des Architekten Christian Friedrich Schuricht an Stelle der bis dahin erhaltenen Renaissancebauten das Neue Palais. Der Dreiflügelbau schließt den zentralen Bereich des Gartenparterres zwischen Wasser- und Gartenpalais nach Osten hin ab. Obwohl die Flügelbauten und das Neue Palais als klassizistische Architekturen konzipiert wurden, fügen sie sich mit ihren geschweiften Dachformen in das Gesamtensemble ein und unterstreichen damit die fernöstliche Anmutung der Schlossanlage. In den Gebäuden befinden sich ein Schlossmuseum und das Kunstgewerbemuseum der Staatlichen Kunstsammlungen Dresden.

Die Gartenparterres und landschaftliche gestalteten Parks zeigen eine ungewöhnliche Vielfalt und beherbergen botanische Kostbarkeiten. Während die Anlagen im zentralen Bereich und im Norden des Bergpalais noch von ihrer barocken Gestaltung geprägt sind, entstanden ab 1778 im Nordwesten der Englische und ab 1790 im Norden der Chinesische Garten. Hinzu kam im späten 19. Jahrhundert ein Gehölz mit seltenen Nadelbäumen. Die Hauptachse verläuft als offene Alle noch einen halben Kilometer über den eigentlichen Gartenbereich hinaus in nordwestliche Richtung nach Dresden. Die Anlagen von Pillnitz bilden einen Höhepunkt des kulturellen Erbes der einstigen Residenzlandschaft im Umfeld der sächsischen Landeshauptstadt.

Blick von Osten über die Schlossanlage, vorn: das Neue Palais, anschließend Wasser- und Bergpalais

DRESDEN
KÖNIGSTRASSE UND JAPANISCHES PALAIS IN DER NEUSTADT

Der Name Dresden steht für eine der bedeutendsten Kulturstädte Mitteleuropas gleichermaßen wie für die sinnlose Zerstörung durch den Wahnsinn des von Deutschland entfesselten Zweiten Weltkrieges. Wie in zahlreichen europäischen Städten teilt ein Flusslauf – hier der Elbstrom – den historischen Kernbereich in zwei ungleiche Hälften: Die Innere Neustadt Dresden liegt der größeren und in der geschichtlichen Entwicklung weitaus bedeutenderen Altstadt gegenüber. Dabei liegen in der Neustadt vermutlich die historischen Wurzeln der sächsischen Landeshauptstadt. Im späten Mittelalter wurde die Siedlung auf dem heutigen Gebiet der Inneren Neustadt als Altendresden bezeichnet, nachdem auf der linkselbischen Seite im Jahr 1206 die Altstadt Dresden gegründet worden war. Altendresden erhielt keine vollen Stadtrechte und war lediglich mit Wällen und Gräben befestigt. Der Stadtname Dresden rührt von den ursprünglichen slawischen Bewohnern der frühstädtischen Siedlungen her: Drežďany waren in sorbischer Sprache Siedler in Sumpfgebieten und Auenwäldern.

Im Jahr 1685 vernichtete ein Großbrand Altendresden fast vollständig. Die gegenüberliegende Altstadt hatte sich inzwischen zur prächtigen Residenzstadt der sächsischen Kurfürsten entwickelt. Erste Barockbauten waren entstanden, so das Palais im Großen Garten. Kurfürst Johann Georg III. beauftragte den Oberlandbaumeister Wolf Caspar von Klengel mit dem städtebaulichen Entwurf für den Wiederaufbau Altendresdens, das 1732 in Neue Königstadt umbenannt wurde. Klengel plante den Grundriss mit einem Straßendreistrahl, der auf den Marktplatz in der Nähe der Elbbrücke ausgerichtet wurde. Die Mittelachse, die Hauptstraße, verbreitert sich von Norden her in Richtung Elbbrücke und ist bis heute prägender Straßenzug der Inneren Neustadt. Eine Bebauung des neu konzipierten Stadtquartiers erfolgte jedoch sehr zögerlich.

Am westlichen Rand der Neustadt wurde 1715–1717 für den Minister Jakob Heinrich von Flemming das Holländische Palais mit einem auf das Elbufer gerichteten Barockgarten errichtet. An seinem Entwurf war der Zwingerbaumeister Matthäus Daniel Pöppelmann beteiligt. Der auf Veranlassung Friedrich Augusts I. (August der Starke, Kurfürst von Sachsen und König von Polen) ab 1729 erfolgte Umbau zur mächtigen Vierflügelanlage des Japanischen Palais stand in Zusammenhang mit einem städtebaulichen Projekt: Im noch wenig besiedelten Westteil der Neustadt wurde seit 1722 eine neue Achse angelegt, die im Süden auf das Palais und im Norden auf das Schwarze Tor (heute: Albertplatz) zielte. Der 340 Meter lange Straßenzug wurde mit Linden bepflanzt und einheitlich bebaut. Als Vorbild für die vorgesehene Bürgerhaubebauung ließ August der Starke von Pöppelmann ein Mustergebäude errichten. Bauwillige Bürger wurden durch Steuervergünstigungen und Zuwendungen unterstützt. Im westlichen Umfeld der Straße wurde ab 1732 die barocke Dreikönigskirche errichtet.

Das Japanische Palais war von August dem Starken als »Porzellanschloss« vorgesehen und erhielt seinen Namen, weil die Ursprünge des seit 1710 auch in Meissen produzierten Porzellans in Ostasien liegen. Außerdem zeigt das Bauwerk einen entsprechenden Skulpturenschmuck und an asiatische Architekturen erinnernde Dachformen. Während das Palais von den Bombenagriffen auf Dresden betroffen wurde, blieb die Königstraße mit den benachbarten Straßenzügen weitgehend verschont. Die Hauptstraße wurde 1945 dagegen stark zerstört und eine Neubebauung erst in den 1970er Jahren in Plattenbauweise vorgenommen. Damit ist die Königstraße nicht nur als authentisches Zeugnis Dresdner Barockarchitektur erhalten geblieben, sondern auch als bedeutendes Beispiel absolutistischer Stadtplanung. Im Japanischen Palais befinden sich heute die Museen für Vorgeschichte und für Völkerkunde sowie die Senckenberg Naturhistorischen Sammlungen.

Blick von Südwesten auf das Japanische Palais und die Königstraße, rechts: die Dreikönigskirche

MORITZBURG BEI DRESDEN
SCHLOSS MORITZBURG

Das einstige Jagdschloss der sächsischen Kurfürsten gehört zu den Bauwerken, die in Deutschland allgemein bekannt sind. Die Popularität ist nicht zuletzt auf Märchen- und Historienfilme zurückzuführen, in denen Schloss Moritzburg als unverwechselbare Kulisse diente. Hinzu kommt die großartige Lage des Bauwerks inmitten eines von Wäldern umgebenen Sees. Das einheitliche Erscheinungsbild des im Zentrum eines Achsenkreuzes platzierten Schlosses täuscht jedoch über eine komplizierte Baugeschichte hinweg.

Die Wälder um Moritzburg waren bereits im 16. Jahrhundert Jagdrevier des Dresdner Hofes. So ließ Herzog Moritz von Sachsen hier zwischen mehreren Teichen 1542–1546 ein Jagdschloss errichten. Dieses Schloss stand frei in einem rechteckig ummauerten Hof mit vier wuchtigen Ecktürmen. Ein erhaltenes Modell überliefert die über regelmäßigem Grundriss konzipierte Anlage der Renaissancezeit. Nach einigen im späten 16. Jahrhundert erfolgten Umbauten wurde das Jagdschloss während des Dreißigjährigen Krieges beschädigt. Als einer der frühesten Barockbauten Sachsens entstand nach Entwürfen des sächsischen Hofbaumeisters Wolf Caspar von Klengel die 1672 geweihte Schlosskapelle. Mit dem Kapellenbau wurde auch die Schlossanlage erneuert.

Schließlich war es Kurfürst Friedrich August I. und König von Polen (August der Starke), der Moritzburg sein unverwechselbares Gesicht verlieh. Die Arbeiten erfolgten in den Jahren 1722 bis 1733 unter Federführung des Oberlandbaumeisters Matthäus Daniel Pöppelmann. Sie betrafen nicht nur den Schlossbau selbst, sondern auch seine Einbettung in die Landschaft. Um das Schloss herum entstand eine Terrasse mit Freitreppen und großartigem Skulpturenschmuck. Der freistehende Kernbau wurde über neue Flügel an die Ecktürme angeschlossen. Zur Wahrung der Symmetrie mussten zwei Ecktürme abgetragen und in verschobener Lage neu aufgebaut werden. Der See wurde unter Zusammenschluss der ursprünglichen Teiche bis auf die beiden auf der Hauptachse gelegenen Zufahrtswege um die Anlage herumgeführt. Als Abschluss der von Süden kommenden Hauptachse, der nach Dresden führenden Schlossallee, entstand am Nordufer des Sees 1728 ein barockes Gartenparterre. In der längs durch das Schloss verlaufenden Querachse errichtete man an den Ufern der Schlossinsel vorgeschobene Treppenanlagen, die als Anlegestelle für Gondeln dienten. Diese Achse setzt sich über den See nach Osten hin über fast zwei Kilometer bis zu einem kleinen Lusthaus, dem Fasanenschlösschen, fort.

Nach dem Tod Augusts des Starken blieb Schloss Moritzburg in seiner barocken Gestalt weitgehend unverändert erhalten. Mit den in- und außerhalb der ehemaligen Residenzstadt Dresden erhaltenen Zeugnissen der »augusteischen« Epoche führt auch das einstige Jagdschloss eine barocke Bauleidenschaft vor Augen, die den politischen und wirtschaftlichen Rang des Kurfürstentums Sachsen im damaligen Deutschen Reich widerspiegeln sollte. Heute ist es Teil einer einzigartigen Kulturlandschaft.

Blick von Süden entlang der Schlossallee auf Schloss Moritzburg, im Hintergrund das ehemalige Gartenparterre

WEIMAR
SCHLOSS BELVEDERE UND BELVEDERER ALLEE

Weimar ist heute eine Mittelstadt mit annähernd 65.000 Einwohnern. Aber nur wenige Orte dieser Größe sind weltweit so bekannt wie die ehemalige Residenzstadt im Herzen Thüringens. Seit dem 16. Jahrhundert lebte und wirkte hier eine Fülle bedeutender Persönlichkeiten. Ihren Zenit erreichte die kulturelle Blüte in den Jahrzehnten um 1800, sie gab einer ganzen Epoche ihre Bezeichnung: Weimarer Klassik.

Das vier Kilometer südlich des heutigen Stadtzentrums auf einer Anhöhe, der Eichenleite, errichtete Lustschlosses Belvedere (schöne Aussicht) geht auf die Herrschaft des Herzogs Ernst August I. von Sachsen-Weimar zurück. Dieser aus der ernestinischen Linie der Wettiner stammende Fürst regierte das kleine Territorium von 1728 bis 1748, wobei ihm 1741 auch Sachsen-Eisenach zufiel. Der despotische Regent ruinierte das thüringische Herzogtum finanziell mit seiner Bau- und Jagdleidenschaft sowie der Unterhaltung eines unverhältnismäßig großen Heeres. Das Zeitalter der Aufklärung lag in jenen Jahren am Weimarer Hof noch in weiter Ferne.

Das 1724–1744 nach Entwürfen der Baumeister Johann Adolph Richter und Gottfried Heinrich Krohne errichtete Schloss Belvedere macht seinem Namen alle Ehre: Von hier lassen sich ganz Weimar und die angrenzenden Höhenzüge überblicken. Die Schlossanlage besteht aus einem Kernbereich über quadratischem Grundriss mit seitlichen überkuppelten Baukörpern, die über kurze Flügel mit Durchfahrten an den Kern angebunden sind. Über dem Mittelbau erhebt sich eine achteckige Laterne mit Umgang, das eigentliche Belvedere. Flankiert wird das Schloss von Nebengebäuden wie den Kavalierhäusern, im Osten der Anlage befindet sich die 1731 von Johann Adolph Richter konzipierte bogenförmige Orangerie. Der ursprüngliche Barockgarten wurde in der 2. Hälfte des 18. Jahrhunderts zu einem Landschaftspark umgestaltet. Bemerkenswert ist der 1811–1815 für die Zarentochter Maria Pawlowna (Gemahlin des Erbgroßherzogs Carl Friedrich) angelegte Russische Garten.

Zwischen Belvedere und Stadtzentrum erstreckt sich die während der Bauzeit der Schlossanlage entstandene Belvederer Allee. Die von alten Kastanien und Linden gesäumte Achse verläuft im nördlichen Teil entlang des berühmten Ilmparks und knickt auf halber Strecke leicht nach Westen hin ab. Von dort führt sie in schnurgeradem Verlauf vor das Schloss Belvedere. Am Beginn der Allee befindet sich mit dem Liszt-Haus die ehemalige Wohnstätte des Komponisten Franz Liszt (1811–1886), einer der berühmten mit Weimar verbundenen Persönlichkeiten. Der weitere stadtnahe Verlauf ist durch eine großzügige Villenbebauung gekennzeichnet.

Heute werden Teile der Schlossanlage von der Hochschule für Musik Franz Liszt Weimar genutzt. An den historischen Baubestand schließt das 1996 errichtete Musikgymnasium Schloss Belvedere an, dessen Architektur an die klassische Moderne der 1920er Jahre und damit an die Bauhaus-Tradition Weimars erinnert. Seit 1998 gehört auch Belvedere zum UNESCO-Weltkulturerbe »Klassisches Weimar«.

Aufnahme von Süden mit Schlossanlage und Belvederer Allee, im Hintergrund das Stadtzentrum

NEUSTRELITZ
SCHLOSSSTRASSE

Das alte Land Mecklenburg war nach der dritten Hauptlandesteilung von 1701 bis zum Ende der Monarchie (1918) in die beiden Teilfürstentümer Mecklenburg-Schwerin und Mecklenburg-Strelitz aufgeteilt. Ihre Namen leiteten sich von den beiden Residenzen ab. Die kleine Landstadt Strelitz wurde 1278 erstmals erwähnt und besitzt seit 1349 Stadtrechte. Das dortige Residenzschloss brannte 1712 ab. Herzog Adolf Friedrich III. konnte einen Schlossneubau in Strelitz nicht realisieren. Er ließ erst in den Jahren 1726 bis 1731 bei dem Ort Glienecke am Zierker See - fünf Kilometer nördlich von Alt-Strelitz - eine neue Residenz errichten. Nachdem sich dort erste Hofbedienstete angesiedelt hatten, forcierte der Fürst die Anlage einer neuen Stadt.

Adolf Friedrich III. erließ am 20. Mai 1733 einen Aufruf, um Siedler für den neuen Residenzort zu werben. In seinem Erlass wurden kostenlose Bauplätze und Baumaterialien sowie Steuerfreiheiten gewährt. In einem Aktenstück aus dem Vorjahr ist der Name Neuenstrelitz erstmals überliefert. Die Planung der Stadtanlage lag in den Händen des Hofbaumeisters Julius Löwe, auf dessen Entwurf auch das Residenzschloss zurückging. Löwe konzipierte eine regelmäßige Stadtanlage, in deren Zentrum ein quadratischer Marktplatz angelegt wurde. Von dort gehen strahlenförmig acht Straßenachsen aus, die jeweils mittig an den Platzkanten und an den Ecken des Marktes einmünden. Trotz des leicht hügeligen Terrains wurde das Konzept der Planstadt konsequent verwirklicht. Damit ist der Stadtgrundriss zentral auf eine Mitte und nicht auf das Residenzschloss bezogen: Das Schloss lag zwar am Südwestende einer der beiden Hauptachsen, der Schlossstraße, seine Fronten verliefen jedoch schräg zur Straßenflucht. Die Residenz war auf das im Nordwesten vorgelagerte Gartenparterre ausgerichtet, bildete jedoch mit seinem Turm einen Point de vue der Schlossstraße.

Obwohl das Schloss 1945 ausbrannte und die Ruine danach beseitigt wurde, konnte Neustrelitz den Charakter einer Residenzstadt des 18. und 19. Jahrhunderts bewahren. Das Stadtbild wird geprägt von den spätklassizistischen Bauten des in Berlin von Schinkel ausgebildeten Architekten Friedrich Wilhelm Büttel. Von ihm stammen der markante Turm vor der im 18. Jahrhundert errichteten Stadtkirche am Markt, das ebendort 1841 entstandene Rathaus sowie Bauten der ehemaligen Residenz. Die 1855–1859 errichtete Schlosskirche zeigt die Formen der von Büttel bewunderten gotischen Architektur. Im Übrigen werden die Straßenzüge überwiegend von schlichten Putzfassaden traufständiger Bürgerhäuser und einiger stattlicher Palais bestimmt.

Im ursprünglichen Schlossumfeld ist der Schlosspark mit der Orangerie erhalten geblieben. Der Park geht aus dem von Löwe angelegten Barockgarten zurück und wurde mehrfach im Stil englischer Landschaftsgärten umgestaltet. Noch vorhanden und wiederhergestellt ist die ursprünglich vom Schloss ausgehende Sichtachse nach Nordwesten in Richtung Zierker See. Gegenwärtig ist der Wiederaufbau des 51 Meter hohen Schlossturms in Planung. Er hatte mit der Schlossanlage durch die Um- und Erweiterungsbauten von 1905–1909 sein zuletzt überliefertes Erscheinungsbild erhalten. Damit soll die einstige Residenzstadt einen wichtigen Bezugspunkt ihrer Geschichte zurückerhalten.

Blick von Südwesten auf die Schlossstraße, vorn der ehemalige Standort des Schlosses mit Park und Schlosskirche, in der Mitte der Marktplatz

HANNOVER
HERRENHÄUSER ALLEE

Als im 17. Jahrhundert der berühmte Große Garten in Hannover angelegt wurde, befand er sich in dörflicher Umgebung weit außerhalb der Mauern der welfischen Residenzstadt. Heute ist er mit den weitläufigen historischen Parkanlagen von Herrenhausen in das Stadtgebiet eingebettet. Diese stellen nicht nur ein kulturhistorisches Erbe von europäischem Rang dar, sondern auch eine Oase inmitten der niedersächsischen Landeshauptstadt. Der Georgengarten bildet die Verbindung zwischen Stadtzentrum und Großem Garten. Prägendes Element dieses Landschaftsparks ist die annähernd zwei Kilometer lange Herrenhäuser Allee.

Die mit vier Baumreihen und breitem Mittelweg ausgestattete Allee wurde 1726/27 nach Plänen des Gartenarchitekten Ernst August Charbonnier angelegt. Sie diente dem kurfürstliche Hof als Auffahrt vom Leineschloss in der Innenstadt zum Großen Garten. Ein 1856 aufgestelltes Gittertor markiert den stadtseitigen Beginn der Allee am heutigen Königsworther Platz. Sie zielt mit ihren über 1200 Lindenbäumen auf die Nordostecke des Barockgartens. Als Point de vue entstand 1817–1819 gegenüber der Orangerie des Großen Gartens nach Plänen des Baumeisters Georg Ludwig Friedrich Laves der ursprünglich als Gartenmeisterwohnung vorgesehene Bibliothekspavillon mit seiner Kuppellaterne.

Seit der Errichtung der Sommerresidenz in Herrenhausen ließen Angehörige des Hofadels auf der Fläche des Georgengartens mehrere Lusthäuser und -gärten anlegen. 1766 erwarb der Diplomat und Feldherr Johann Ludwig von Wallmoden mehrere Gärten, legte sie zusammen und ließ sie im englischen Stil zu einem frühen Landschaftspark umgestalten. An Stelle eines älteren Gartenpalais ließ Wallmoden 1779–1782 ein neues Schlösschen errichten. Seitdem die Parkanlage 1818 in den Besitz König Georgs III. von Großbritannien und Hannover gelangt war, wird sie als Georgengarten bezeichnet. Der reizvolle, von Gewässern durchzogene Landschaftspark birgt außer dem 1935 nach dort versetzten Leibniztempel und weiteren Denkmälern auch von Laves entworfene Brücken mit seinerzeit innovativen Eisenkonstruktionen.

Östlich des Georgengartens befindet sich das Welfenschloss mit dem Welfengarten. Das 1857 von dem Architekten Christian Heinrich Tramm als Hauptresidenz des Königshauses geplante Welfenschloss konnte bis zur Annexion Hannovers durch Preußen im Jahr 1866 nicht mehr fertiggestellt werden. Ab 1879 wurde das historische Bauwerk für die Universität Hannover ausgebaut, als deren Hauptgebäude es bis heute dient.

Nachdem Teile der Parkanlagen während des Zweiten Weltkrieges verwüstet worden waren, erfolgte in den 1970er Jahren die Abholzung und Neubepflanzung der Herrenhäuser Allee. Am Königsworther Platz konnten einige Bäume aus dem ursprünglichen Bestand des 18. Jahrhunderts erhalten bleiben. Das 1959 abgetragene Gittertor markiert seit 2007 in leicht veränderter Position wieder den Zugang zur Allee.

Aufnahme der Allee von Südosten, im Hintergrund der Große Garten, rechts: Welfenschloss

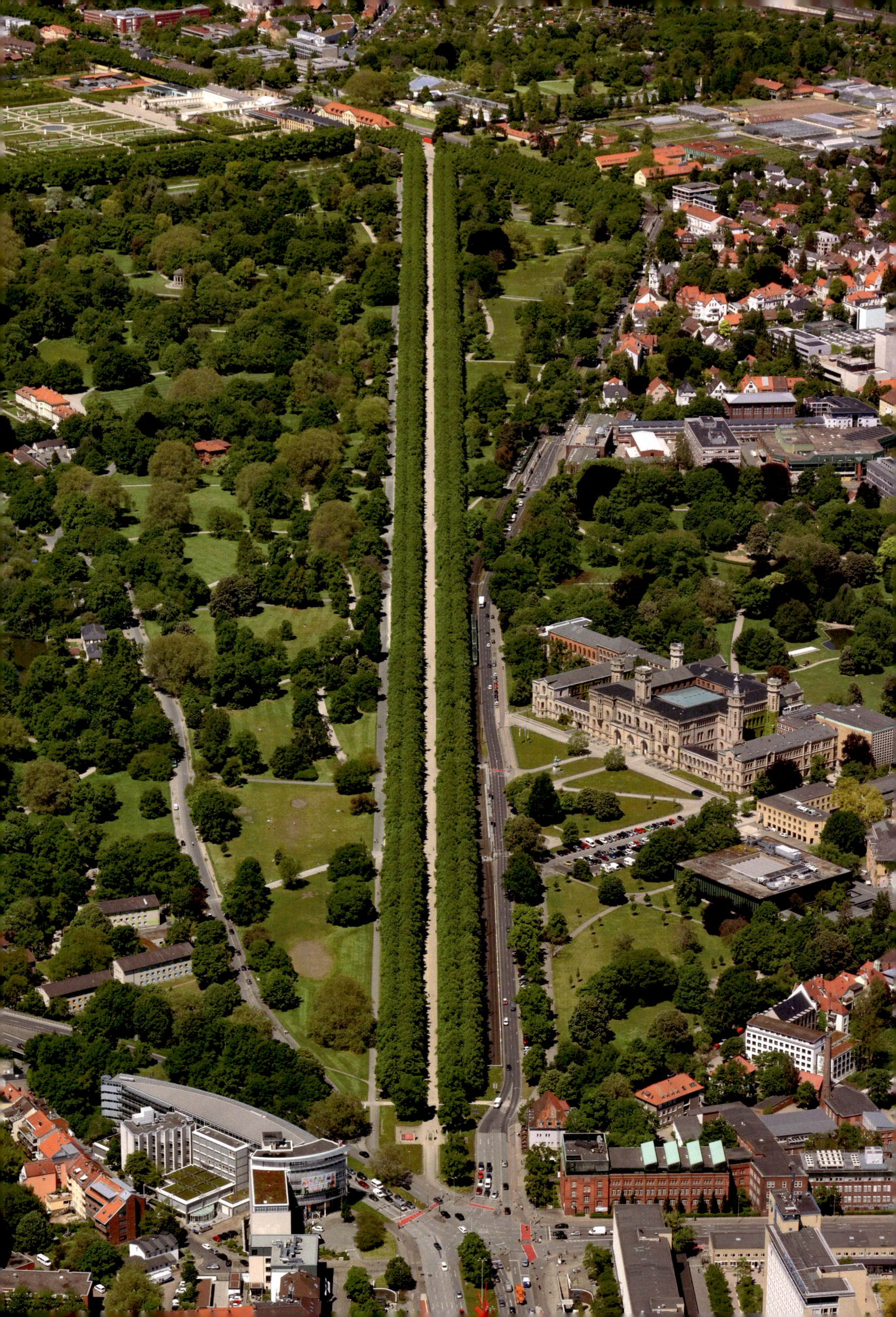

BRÜHL
SCHLOSS AUGUSTUSBURG

Das in der Rheinniederung zwischen Köln und Bonn gelegene Brühl ist eine mittelalterliche Stadtgründung der Erzbischöfe von Köln. Der Ortsname Brühl kommt im deutschen Sprachraum auch als Flur- oder Straßenbezeichnung vor und deutet auf ein ursprünglich sumpfiges Gelände hin. Die Kölner Erzbischöfe besaßen hier bereits im 12. Jahrhundert einen Verwaltungssitz mit umfangreichen Ländereien. Ab 1284 errichteten sie im Osten der gleichzeitig entstehenden Stadt eine Niederungsburg und nutzten sie im späten Mittelalter als bevorzugte Residenz. Während des Pfälzischen Erbfolgekrieges, der große Teile der linksrheinischen Gebiete des damaligen Deutschen Reiches verwüstete, wurden 1689 auch Brühl und die bischöfliche Burg durch französische Truppen zerstört.

Nachdem der aus dem Haus Wittelsbach stammende Clemens August von Bayern 1723 zum Erzbischof von Köln gewählt worden war, entschied der geistliche Kurfürst zwei Jahre später den Ausbau der Burgruine in Brühl zum barocken Residenzschloss. Der Bauherr war seinerzeit bereits Fürstbischof von Münster, Osnabrück, Paderborn und Hildesheim und erlangte 1732 zusätzlich das Amt des Hochmeisters des Deutschen Ordens. So herrschte er bis zu seinem Tod 1761 über einen großen Teil Nordwestdeutschlands, womit sich der hohe Anspruch für seine neue Hauptresidenz in Brühl erklärt. Die ersten Entwürfe für die Schlossanlage stammen von dem westfälischen Baumeister Johann Conrad Schlaun aus Münster. Er nutzte noch vorhandene Grundmauern der Burgruine und bezog auch zwei Türme des Vorgängerbaus in sein Konzept ein, um den Charakter als festes Schloss zu wahren. Somit geht der Grundriss als nach Osten hin offene Dreiflügelanlage auf ältere Bausubstanz zurück – der offene Hof ist daher nicht in Richtung Stadt, sondern zur Feldseite gerichtet.

Nach Fertigstellung des Rohbaus 1728 lieferte der bayrische Hofbaumeister François de Cuvilliés neue Pläne, woraufhin die als veraltet angesehenen Türme beseitigt wurden. Im weiteren Verlauf der bis in die 1760er Jahre währenden Bauarbeiten war auch Balthasar Neumann am Entwurf des berühmten Treppenhauses beteiligt. Mit Cuvilliés kam der Gartenarchitekt Dominique Girard nach Brühl, um das großzügig angelegte Parterre vor der Südfassade des Schlosses zu gestalten. Die barocke Gartenanlage war mit drei Hauptachsen fächerförmig auf das Schloss bezogen, wobei die mittlere Hauptachse weit in das südlich anschließende Jagdrevier hineinreichte. Dort liefen mehrere Achsen sternförmig zusammen, von denen eine in südöstliche Richtung noch heute auf das Jagdschloss Falkenlust führt.

Im 19. Jahrhundert gestaltete Peter Josef Lenné die Gartenanlagen zu einem Landschaftspark um. In den Jahren 1933–1937 erfolgte eine Rekonstruktion des barocken Gartenparterres vor der Schlossterrasse nach historischen Plänen. Infolge von Schäden im Zweiten Weltkrieg mussten Schloss und Garten nach 1945 wiederhergestellt werden. Die Schlösser und Gärten von Brühl gehören zu den bedeutendsten kulturhistorischen Zeugnissen des 18. Jahrhunderts in Westdeutschland und sind seit 1984 Teil des UNESCO-Weltkulturerbes.

Südansicht mit Waldpark, Garten und Schlossanlage, im Hintergrund links das Stadtzentrum

POTSDAM
SCHLOSS SANSSOUCI

Die Landeshauptstadt Potsdam zeichnet sich durch ihre Lage inmitten einer reizvollen Seenlandschaft aus und ist von sanft ansteigenden Hügeln umgeben. Diese Situation wurde von den brandenburgisch-preußischen Landesherren seit dem 17. bis in das frühe 20. Jahrhundert zur Anlage von Schlössern und Gartenanlagen genutzt. Auf dem Bornstedter Höhenzug im Nordwesten des Stadtzentrums erhebt sich das wohl bedeutendste in der langen Reihe der Potsdamer Schlösser: Sanssouci (»ohne Sorge«). Es wurde hier 1745–1747 über einem ehemaligen Weinberg als Sommerresidenz und Rückzugsort für Preußenkönig Friedrich II. (der Große) errichtet.

Nach Skizzen des Königs schuf der Baumeister Georg Wenzeslaus von Knobelsdorff das eingeschossige Lustschloss mit seinem ovalem Mittelbau und den halbkreisförmigen Kolonnaden an der Rückseite. Das freundschaftliche Verhältnis zwischen dem Architekten und Friedrich erlebte während der Bauzeit erhebliche Spannungen – der König war von seinen eigenen baukünstlerischen Fähigkeiten überzeugt und erwies sich nicht nur bei diesem Projekt als überaus eigensinnig. Das Innere von Sanssouci erhielt eine kostbare Rokoko-Ausstattung, dessen feine Ornamentik als »Friederizianisches Rokoko« in die Kunstgeschichte einging.

Schloss Sanssouci ist nicht ohne seine einzigartige Terrassenanlage zu verstehen. Die sechs Terrassen sind nach Süden ausgerichtet und dienten nicht nur zur repräsentativen Erhöhung des Lieblingswohnorts Friedrichs II. über die Landschaft, sondern auch zur Aufzucht edler Obstsorten. Daher sind die in geschickter Weise konkav ausgebildeten Terrassenmauern mit verglasten Nischen versehen, in denen auch Pflanzen aus südlicheren Gefilden gedeihen können. Diese Terrassen bilden im Vergleich mit zeitgenössischen Lustschlössern ein markantes Alleinstellungsmerkmal von Sanssouci.

Die prägende Mittelachse führt vom zentralen Oval des Schlosses über die Terrassen mit ihren geschwungenen Freitreppen in das Gartenparterre und geht im Süden in eine Allee über. Inmitten des Gartenparterres wird die Achse von der in Ost-West-Richtung verlaufenden Hauptallee gekreuzt. Sie zielt im Westen auf das zwei Kilometer entfernte Neue Palais. Im Achsenkreuz befindet sich die Große Fontäne mit dem Französischen Figurenrondell. Die südliche Allee wird von den Gebäuden der Gartendirektion und Gartenkasse flankiert, knickt schließlich nach Osten hin ab und verbindet Sanssouci mit der Innenstadt.

Sanssouci war ausschließlich für die Bedürfnisse des Herrschers konzipiert und auch für die Unterbringung von Gästen vorgesehen, zu denen unter anderen Voltaire zählte. Das Weinbergschloss war Schauplatz der berühmten Tafelrunden des Königs, in denen über philosophische Fragen diskutiert wurde. Friedrichs Gemahlin Elisabeth Christine lebte getrennt vom königlichen Hof in Schloss Niederschönhausen im Osten Berlins. In den späteren Regierungsjahren Friedrichs kamen östlich von Schloss Sanssouci die Bildergalerie (1755–1764) und südlich die Neuen Kammern (1771–1775) mit ihren Gartenanlagen hinzu. Seit 1990 gehören die Anlagen von Sanssouci als Bestandteil der Potsdamer Schlösser und Gärten zum UNESCO-Weltkulturerbe.

Südansicht mit Allee, Gartenparterre und Figurenrondell sowie Terrassen und Schlossanlage

POTSDAM
PARK SANSSOUCI UND NEUES PALAIS

Die weitläufigen Anlagen von Sanssouci, die ihren Namen von dem berühmten Lustschloss Friedrichs II. (der Große) erhielten, erstrecken sich von West nach Ost über zwei Kilometer. Sie umfassen mit ihren Bauwerken, Gartenplastiken, Terrassenanlagen und Gewässern eine der vielfältigsten historischen Parklandschaften Europas. Hier spannt sich der Bogen von den Schöpfungen König Friedrichs II. aus dem 18. Jahrhundert bis zu den Gestaltungen des Historismus unter Friedrich Wilhelm IV. und Kaiser Wilhelm II. Das Neue Palais schließt die Parkanlagen von Sanssouci nach Westen hin ab und ist Zielpunkt der Hauptallee. Die gewaltige Anlage entstand 1763–1769 und gehört mit ihren Nebengebäuden zu den größten Barockschlössern in Deutschland. Der Bauherr des Neuen Palais, Friedrich II., hatte zuvor (als Kronprinz) bereits Schloss Rheinsberg umgebaut, als Regent dann Schloss Charlottenburg erweitert, das Potsdamer Stadtschloss umfassend erneuert sowie Schloss Sanssouci errichten lassen.

Das Neue Palais sollte nach Ende des von Friedrich entfesselten und für Preußen nur knapp glimpflich ausgegangenen Siebenjährigen Krieges (1756–1763) auch als Demonstration der Stärke nach außen wirken: Der Herrscher selbst nannte es »Fanfaronade«. Es war nicht als Residenzschloss, sondern in erster Linie als Gästehaus und für große Feierlichkeiten vorgesehen. Die Planungen erfolgten nach Vorgaben des Königs durch den Architekten Johann Gottfried Büring.

Das U-förmig angelegte Palais ist entsprechend seiner Positionierung zur Hauptachse auf den Garten und auf einen Ehrenhof ausgerichtet. Am Ehrenhof wird die gegenüberliegende Seite von der Baugruppe der so genannten Communs und einer halbrunden Kolonnade wirkungsvoll eingefasst. Für die Architekten Jean Laurent Legeay und Carl von Gontard standen Bauwerke in Großbritannien und in den Niederlanden Pate, besonders Castle Howard bei York. Eine holländische Reminiszenz ist die Bauweise aus Sandstein und Ziegelmauerwerk.

Das Innere des Palais erhielt eine prachtvolle Ausstattung im späten Rokoko. In den letzten Jahren der Hohenzollernmonarchie nutzte Kaiser Wilhelm II. das Palais als Winterresidenz. Die Communs dienen seit 1948 zu Hochschulzwecken und beherbergen heute Institute der Universität Potsdam.

Das gartenseitige Parterre vor dem Schloss ist halbkreisförmig. Hier mündet die Haupallee, die durch den landschaftlich gestalteten Teil des Parks und das Gartenparterre von Schloss Sanssouci bis zum Obeliskenportal an der östlichen Parkgrenze verläuft. Auf dem Weg erscheinen immer wieder überraschende Blickachsen, so zur Orangerie und auf das von Schinkel entworfene Schlösschen Charlottenhof. Den Höhepunkt bildet schließlich die quer zur Hauptallee verlaufende Achse mit den Terrassenanlagen und Schloss Sanssouci. Durch das Triumphtor in der Bogenkolonnade zwischen den Cummuns erstreckt sich die Achse als Lindenallee noch über zwei Kilometer in westliche Richtung.

Blick über das Neue Palais und die Hauptallee nach Osten, im Hintergrund rechts das Stadtzentrum von Potsdam

SCHWERIN
SCHLOSSPARK UND RESIDENZSCHLOSS

Die Landeshauptstadt Schwerin ist die älteste Stadt Mecklenburgs. Ihr Stadtbild ist noch ganz von der jahrhundertelangen Geschichte als Residenz geprägt. Das Schloss ist eines der Wahrzeichen Mecklenburg-Vorpommerns. Prägend sind nicht nur die Bauwerke, sondern auch die einzigartige Lage dieser Stadt inmitten einer ausgedehnten Seenlandschaft. Vom Wasser aus bieten sich die schönsten Ausblicke auf Schwerin. Sie werden immer wieder von der türmereichen Silhouette der Schlossanlage angezogen. Besonders eindrucksvoll ist jedoch der Blick durch den weiträumigen Schlosspark auf die einstige Residenz.

Südansicht des Schlossparks mit Schlossanlage, im Hintergrund das Stadtzentrum

An Stelle des Schlosses befand sich ursprünglich ein slawischer Burgwall, dessen Anlage archäologisch in die 960er und 970er Jahre datiert werden kann. Mit der ersten namentlichen Erwähnung dieser Befestigungsanlage als »Zuarina« im Jahr 1018 ist eine slawische Frühform des heutigen Stadtnamens überliefert, er hatte in etwa die Bedeutung »Tiergehege«. Der Ort gehörte zum Obodritenreich, einem slawischen Herrschaftsbereich, welcher 1160 von Sachsenherzog Heinrich dem Löwen erobert wurde. Ein Jahr später wurde die Grafschaft Schwerin gegründet. Die auf einer Insel zwischen Schweriner- und Burgsee befindliche Burganlage wurde zur späteren Residenz von Mecklenburg-Schwerin. Im 16. Jahrhundert entstand in mehreren Bauphasen ein eindrucksvolles Renaissanceschloss.

Während die Residenz in der Barockzeit durch Baumaßnahmen nicht wesentlich verändert wurde, entstand im späten 17. Jahrhundert im Süden der Schlossinsel ein großes Gartenparterre mit Kanälen. Herzog Christian II. Ludwig ließ den Garten 1748–1756 nach Plänen von Jean Legeay neu gestalten und mit Plastiken ausstatten. In seiner Mittelachse erstreckt sich der von ornamental gezeichneten Umrissen gekennzeichnete Kreuzkanal. Vor dem von Lauben eingefassten Rasenparterre befindet sich das 1893 eingeweihte Reiterdenkmal für Herzog Friedrich Franz II. Park und Schlossinsel sind über die Schlosshinterbrücke verbunden, die als 1897 errichtete Drehbrücke den Status eines technischen Denkmals genießt. Die unregelmäßige Schlossanlage zeigte (und zeigt) allerdings keine Bezugnahme auf die prägende Hauptachse der Gartenanlagen.

Nach der zwischenzeitlichen Verlegung der Residenz nach Ludwigslust (1764–1837) befand sich das Schweriner Schloss in schlechtem Bauzustand. In den Jahren 1843–57 erfolgte im Auftrag von Herzog Friedrich Franz II. ein umfassender Aus- und Neubau der Residenz, an der einige der renommiertesten Architekten ihrer Zeit beteiligt waren: Nach dem Schweriner Hofbaumeister Georg Adolf Demmler übernahm Friedrich August Stüler aus Berlin die Planungen, auch Gottfried Semper wurde mit Entwürfen beauftragt. Wichtige Bauteile aus der Renaissancezeit konnten einbezogen werden. Das Ergebnis war das Idealbild einer auch nach malerischen Gesichtspunkten komponierten Schlossanlage, die nach Vorbildern französischer Renaissanceschlösser gestaltet ist. Damit entstand ein Hauptdenkmal des Historismus in Norddeutschland. Die ehemalige Residenz ist heute Sitz des Landtages von Mecklenburg-Vorpommern und beinhaltet ein Schlossmuseum.

Im 19. Jahrhundert wurden auch die Parkanlagen verändert und erweitert, an den Planungen war neben dem Hofgärtner Theodor Klett auch Peter Joseph Lenné beteiligt war. Die jüngsten Erneuerungen des Schlossgartens stehen in Zusammenhang mit der Bundesgartenschau 2009 in Schwerin. Die einstige mecklenburgische Residenz vermittelt bis heute das ungewöhnlich authentische Bild eines deutschen Regierungssitzes im 19. Jahrhundert.

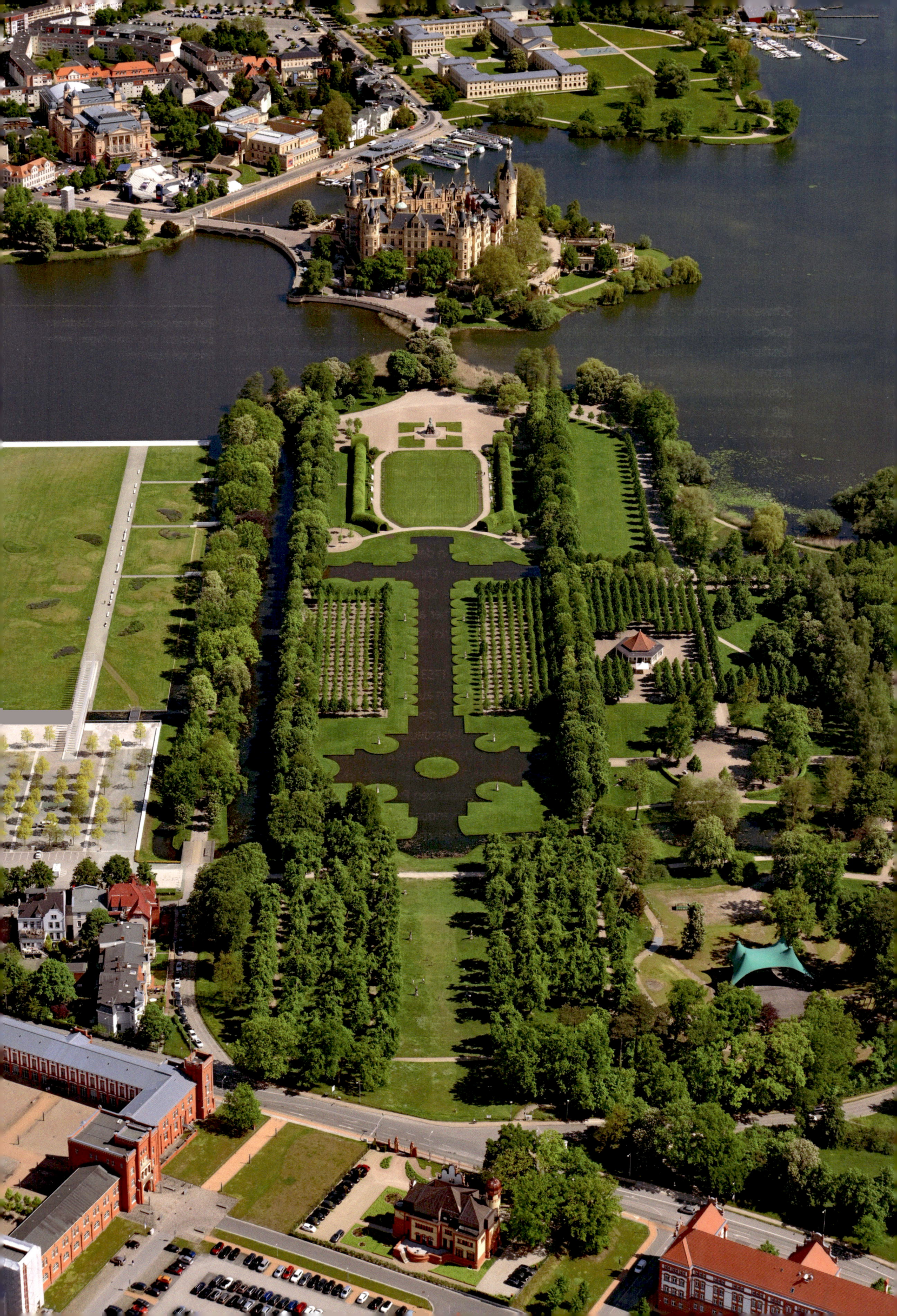

SCHWETZINGEN
SCHLOSS UND PARKANLAGEN

Schwetzingen wurde bereits 766 erstmals erwähnt und kann damit auf eine über 1250 jährige Geschichte zurückblicken. Seine bedeutendste Prägung erhielt diese Stadt in der Epoche des fürstlichen Absolutismus. Im 18. Jahrhundert entstand hier die barocke Sommerresidenz der pfälzischen Kurfürsten. Ihren Höhepunkt erlangte der Ausbau unter Kurfürst Karl Theodor, der in Schwetzingen eine der umfangreichsten und eigenwilligsten Gartenanlagen seiner Zeit errichten ließ. Der Wittelsbacher Karl Theodor regierte von 1742 bis 1799 über die Kurpfalz, das Herzogtum Jülich-Berg und ab 1777 auch über Bayern. Er gehörte mit seinen Projekten in Mannheim, Düsseldorf und Schwetzingen zu den großen Bauherren des 18. Jahrhunderts in Westdeutschland.

Das Schloss geht auf eine mittelalterliche Wasserburg zurück. Sie wurde nach Umbauten im 16. Jahrhundert mehrfach zerstört. Während des 1716 vollendeten barocken Neubaus für den Pfalzgrafen und Kurfürsten Johann Wilhelm wurden jedoch ältere Gebäudeteile beibehalten, so die markanten Ecktürme. Es entstand eine dreiflüglige Schlossanlage mit einem nach Osten zur Stadt hin ausgerichteten Ehrenhof. Das Bauwerk blieb auch in der Epoche Karl Theodors in dieser Gestalt erhalten. Mit der Anlage des Marktplatzes vor dem Ehrenhof ab 1748 erfolgte die Einbindung der Sommerresidenz in das städtebauliche Gefüge Schwetzingens. Damit wurde auch die Stadtanlage auf Schloss und Garten ausgerichtet: Von hier aus setzt sich die auf das Schloss bezogene Hauptachse, die Kurfürstenstraße, über den Markt nach Osten in Richtung der alten kurpfälzischen Residenzstadt Heidelberg fort.

Der Schlossgarten wurde unter Kurfürst Karl Theodor ab 1753 zu einer der bedeutendsten und heute besterhaltenen spätbarocken Parkanlagen Deutschlands ausgebaut. Die Entwürfe stammen von dem Zweibrückener Hofgärtner Johann Ludwig Petri und dem Baumeister Nicolas de Pigage. Letzterer gehörte zu den seinerzeit führenden Architekten Westdeutschlands und schuf in Schwetzingen auch die markantesten Parkgebäude. Das zentrale Gartenparterre vor dem Schloss ist kreisförmig, wobei die Schlossseite von eingeschossigen Zirkelbauten eingefasst wird. Haupt- und Querachse gliedern das zentrale Parterre und die anschließenden Parkbereiche. Im Westen folgt auf das Parterre der Boskettbereich mit regelmäßigen Heckenquartieren und Baumbewuchs. Die anschließenden, ab 1776 entstandenen Bereiche sind als englischer Landschaftspark gestaltet. Sie umschließen die älteren Gartenpartien und fassen auch den nördlichen Orangeriegarten ein. Der Große See und die Kanäle bilden ein wesentliches gestalterisches Element des äußerst reizvollen Landschaftsparks.

Die in einem über Jahrzehnte währenden Prozess entstandenen Garten- und Parkanlagen werden von zahlreichen Gartenplastiken, Wasserspielen und Gebäuden unterschiedlicher Stilrichtungen belebt. Ihnen liegt ein ausgeklügeltes Programm des Kurfürsten zugrunde: Karl Theodor verbildlichte das Gedankengut der Aufklärung, indem er bauliche Zitate aus verschiedenen Epochen und Kulturkreisen zusammenführte. Von der römischen Vergangenheit des Ortes selbst zeugen die in antiken Formen errichteten Tempel sowie künstliche Ruinen eines Aquädukts und das Wasserkastell. Die 1777–1795 nach Entwurf von Pigage entstandene Moschee setzt nicht nur einen zeitlichen Schlusspunkt in der Baugeschichte der Sommerresidenz, sie ist heute ein Wahrzeichen dieses einzigartigen Kulturerbes.

Blick von Osten über den Stadtkern auf Schloss und Parkanlagen, hinten links: die Moschee

WILHELMSTHAL BEI KASSEL
SCHLOSS

Das Lustschloss Wilhelmsthal ist neben Karlsaue und Wilhelmshöhe ein drittes hochrangiges Zeugnis der Residenzlandschaft in der ehemaligen Landgrafschaft Hessen-Kassel. Das intime Schloss bringt einen Schuss heiteren bayrischen Rokokos in die nördlichen Gefilde Hessens. An Stelle der Schlossanlage befand sich ursprünglich das Gut Amelgotzen, das 1643 von der Gemahlin des Landgrafen Wilhelm V., Amalie Elisabeth, erworben und in »Amalienthal« umbenannt wurde.

Genau 100 Jahre nach dem Erwerb des Landgutes durch Amalie Elisabeth begann Wilhelm VIII, der das Land seinerzeit als Statthalter für seinen älteren Bruder Friedrich (König von Dänemark) und ab 1751 als Landgraf regierte, mit dem Bau der heutigen Schlossanlage. Für die Planungen von Schloss und Gärten beauftragte er den bayrischen Hofarchitekten François de Cuvilliés, der im Nymphenburger Park in München mit der Amalienburg eines der Hauptwerke des Rokoko im deutschsprachigen Raum geschaffen hatte. Das dreiflüglige Lustschloss Wilhelmsthal mit seinen locker angebundenen Seitenflügeln kann als Paradebeispiel für den im Spätbarock zu höchster Blüte geführten Bautyp der Maisons de Plaisance gelten: Es ist genau nach den Grundsätzen des gleichnamigen Architektur-Traktats von Jacques François Blondel, einem Lehrer Cuvilliés, konzipiert. Die von hochkarätigen Künstlern geschaffene Ausstattung zog sich bis in die 1760er Jahre hin, da der Landgraf in den Siebenjährigen Krieg (1756–1763) verwickelt war. Am 24. Juni 1762 kam es in der Umgebung Wilhelmsthals zu einer Feldschlacht zwischen den Truppen der Verbündeten (Großbritannien, Hannover, Preußen und Hessen-Kassel) gegen die Franzosen, die bis dahin Teile Hessens besetzt hielten.

Für das in reizvolle Landschaft eingebettete Schloss entstand eine Gartenanlage, die durch fächerförmig geführte Achsen gegliedert werden sollte. Sie konnte jedoch nicht nach den von Cuvilliés ausgefertigten Plänen vollendet werden: Die nördliche Diagonalachse und eine Kaskade für die Mittelachse wurden nicht fertiggestellt. In der am weitesten gediehenen Südachse befindet sich eine Grottenarchitektur. Von einem Baumrondell ausgehend erstreckt sich die hofseitige Mittelachse als Lindenallee bis an den westlich gegenüberliegenden Waldrand. Dort mündet die Allee in ein ovales Rondell. Eine aus dem Schlosspark nach Süden abzweigende Allee stellt die Verbindung zur 9 Kilometer langen Rasenallee nach Wilhelmshöhe her.

Unter Landgraf Wilhelm IX., dem Namensgeber der Wilhelmshöhe, erhielt der Schlossgarten in den Jahren um 1800 seine zeitgemäße Neugestaltung als Landschaftspark. Auf seine Planungen gehen auch die Rondelle zurück. Das Schloss selbst blieb jedoch in seiner nun über 250-jährigen Geschichte weitgehend unangetastet und gehört somit zu den besterhaltenen Lustschlössern des Rokoko in Deutschland.

Blick von Westen über die Lindenallee auf Schloss und Parkanlagen

DÜSSELDORF
SCHLOSS BENRATH

Die Tradition der Landeshauptstadt Nordrhein-Westfalens als Regierungssitz reicht bis in das 16. Jahrhundert zurück. In dieser Zeit erhielt Düsseldorf den Rang als Hauptresidenz des Herzogtums Jülich-Berg, das seit 1423 in Personalunion regiert wurde. Das Territorium dieses Landes lag zu beiden Seiten des Niederrheins, wobei sich linksrheinisch das Kurfürstentum Köln zwischen die Gebiete von Jülich und Berg schob. Nachdem die Herzöge von Jülich-Berg im Jahr 1685 auch die Kurpfalz erbten, verlegten sie ihre Residenz zuerst nach Heidelberg und 1720 schließlich nach Mannheim. Während vom einstigen Düsseldorfer Stadtschloss lediglich ein Turm erhalten blieb, erinnert im Südwesten der heutigen Wirtschaftsmetropole ein bedeutendes Bau- und Parkensemble an die Epoche des Absolutismus: Schloss Benrath.

Die Schloss- und Gartenanlage von Benrath wurde von 1755 bis 1773 im Auftrag des in Mannheim residierenden Kurfürsten Karl Theodor von der Pfalz auch als Witwensitz für seine Gemahlin Elisabeth Auguste errichtet. Sie entstand an Stelle eines Renaissanceschlosses, das wiederum über einer alten Burgstelle entstanden war. Der aus dem bayrischen Herrscherhaus der Wittelsbacher stammende Karl Theodor ließ außerdem das gewaltige Barockschloss in Mannheim vollenden und die Gartenanlagen von Schwetzingen schaffen. Durch Erbfolge wurde der Fürst im Jahr 1777 auch Herrscher über das bayrische Kernland, womit er eines der größten Territorien im damaligen Deutschen Reich regierte.

Mit den Planungen für Benrath war der aus Frankreich stammende Architekt und kurpfälzische Baudirektor Nicolas de Pigage beauftragt. Pigage hatte eine Ausbildung an der Pariser Militärakademie und an der dort 1671 gegründeten Académie royale d'architecture absolviert. Er gehörte zu den Baumeistern, die den erlesenen französischen Geschmack in die deutschen Lande importierte. So verkörpert der eingeschossige Schlossbau von Benrath mit seinen eleganten Formen und seiner raffinierten Grundrissanlage das Idealbild einer Maison de plaisance, eines Lustschlosses des Rokoko. Selbstverständlich ist der Bau in ein Ensemble von Nebengebäuden und weitläufigen Garten- und Parkanlagen eingebunden. Letztere wurden ebenfalls von dem auch als Gartendirektor wirkenden Pigage konzipiert.

Als prägende Achse erstreckt sich im Süden des Schlosses ein breiter Kanal, der Spiegelweiher. An der Nordseite befindet sich stattdessen der halbkreisförmige Schlossweiher, um den herum die ursprünglich von Westen herangeführte Zufahrt wirkungsvoll in Szene gesetzt wurde: Schloss und viertelkreisförmige Kavalierhäuser spiegeln sich im Gewässer und bieten eine einzigartige Perspektive. Östlich des Spiegelweihers erhebt sich die noch auf älteren Baubestand zurückgehende Orangerie, während sich an der Westseite der ehemalige Jagdpark mit seinem sternförmigen Wegenetz bis an das Rheinufer erstreckt. Die im frühen 19. Jahrhundert nach Plänen des Düsseldorfer Gartenarchitekten Maximilian Friedrich Weyhe und schließlich von Peter Joseph Lenné erfolgten Umgestaltungen ließen einen englischen Park mit vielfältigem Baumbestand entstehen. In Schloss Benrath befinden sich heute das Museum für Naturkunde und das Museum für Europäische Gartenkunst.

Nordansicht der Schlossanlage mit Schlossweiher (vorn) und Spiegelweiher

STUTTGART
SCHLOSS SOLITUDE

Auf einem Höhenrücken westlich von Stuttgart ließ Herzog Karl Eugen von Württemberg in den Jahren 1763 bis 1767 ein Lustschloss errichten. Er gab ihm den französischen Namen Solitude (Einsamkeit). Damit ist seine Absicht verdeutlicht, hier einen abgeschiedenen Rückzugsort inmitten eines ausgedehnten Wald- und Jagdgebietes zu schaffen. Der bereits als Jugendlicher an die Regierung gelangte Karl Eugen war am Hofe Friedrichs II. in Preußen erzogen worden und herrschte bis 1793 fast 50 Jahre lang über das südwestdeutsche Herzogtum. Der Landesherr gerierte sich anfangs als despotischer Herrscher und ließ Unsummen für seine Bauleidenschaft und die Inszenierung prunkvoller Festivitäten aufbringen. Seine spätere Regierungszeit war dagegen von einer fürsorglichen Rolle als Landesvater gekennzeichnet, wobei die Landwirtschaft eine besondere Förderung erfuhr.

Die Pläne für die Solitude wurde von den Architekten Johann Friedrich Weyhing und Philippe de La Guêpière geschaffen. Sie erhebt sich als typischer Vertreter eines spätbarocken Lustschlosses mit längsrechteckigem Grundriss und zentrierendem Mittelbau über einer Terrassenanlage mit Arkaden und geschwungenen Freitreppen. Die Nebengebäude umklammern das Schloss an seiner Rückseite und treten mit Kopfbauten in Erscheinung, in denen sich ein Theater und die Schlosskapelle befinden. Flankiert wird diese Baugruppe an den Seiten noch von jeweils fünf bogenförmig angeordneten Kavalierhäusern. Grundrissanlage, Bauform und erhöhte Lage der Solitude erinnern entfernt an Schloss Sanssouci in Potsdam, das der Bauherr aus seiner Zeit in Preußen sicherlich gut kannte. Fassadengliederung und -dekoration von Schloss Solitude zeigen jedoch bereits Züge des frühen Klassizismus.

Mit dem Bau der Solitude entstand eine der eindrucksvollsten Sichtachsen, die aus der Epoche des Absolutismus erhalten ist: die Solitude-Allee. Sie erstreckt sich mit über 13 Kilometer Länge schnurgerade vom Schloss ausgehend nach Nordosten durch eine hügelige Landschaft bis in die ehemalige Residenz Ludwigsburg. Zur Entstehungszeit war die Benutzung der Allee allein dem Herrscher und seinem Hofstaat vorbehalten. Von den im Südwesten der Schlossanlage angelegten Solitudegärten, die 1775–1796 von Johann Caspar Schiller, dem Vater Friedrich Schillers, verwaltet wurden, sind heute lediglich Spuren im Gelände erhalten. In der Schlossanlage wurde 1770 die Karlsschule eingerichtet, zu deren Studenten auch Friedrich Schiller gehörte.

Der Solitude-Alle kam im Rahmen der Landesvermessung ab 1820 eine besondere Bedeutung zu: Sie fungierte als Basislinie für die durch Triangulation vorgenommene Aufnahme des damaligen Königreiches. Nach längerer Verwahrlosung konnte Schloss Solitude in den 1970er und 80er Jahren restauriert werden. Heute beherbergt die zu den Staatlichen Schlössern und Gärten Baden-Württembergs gehörende Anlage außer der musealen Nutzung des Schlosses die Akademie Schloss Solitude zur Förderung des künstlerischen Nachwuchses.

Blick über die Schlossanlage nach Nordosten mit Solitude-Allee

LUDWIGSLUST
SCHLOSS, AM BASSIN UND KIRCHPLATZ

Ludwigslust liegt in 40 Kilometern Entfernung südlich der alten mecklenburgischen Residenz- und heutigen Landeshauptstadt Schwerin. Schon der Ortsname deutet auf eine Entstehung nach dem Willen eines Landesfürsten im Zeitalter des Absolutismus. Die inmitten eines eher dünn besiedelten ländlichen Umfeldes gelegene Kreisstadt geht auf die seit dem 14. Jahrhundert überlieferte Gutsanlage Klenow zurück. Noch als Prinz ließ der spätere Herzog Christian Ludwig von Mecklenburg-Schwerin hier 1724 ein erstes Jagdhaus errichten, das er später zu einer Schlossanlage ausbaute. Auf seine Weisung hin erfolgte 1754 die Umbenennung des Ortes in Ludwigslust.

Obwohl Christian Ludwig bereits Planungen für eine auf das Schloss ausgerichtete Achse mit bebauten Plätzen sowie Grün- und Wasseranlagen vorgenommen hatte, kamen sie vorerst nicht zur Ausführung. Sein Nachfolger Herzog Friedrich veranlasste schließlich den Ausbau Ludwigslusts zur Residenzstadt und verlegte 1764 seinen Regierungssitz von Schwerin nach dorthin. Nun enstanden nach Plänen des Baumeisters Johann Joachim Busch 1772–1777 an Stelle des Vorgängerbaus ein neues Residenzschloss, die Hofkirche (1765–1770) und große Teile der bis heute erhaltenen Stadtbebauung. Die spätbarocke Stadtanlage erhielt zwei prägende Achsen: Eine Schloss und Kirche verbindende Nord-Süd-Achse und die leicht schräg von Osten auf den Schlossplatz ausgerichtete Schlossstraße.

Die auf den Mittelbau des Schlosses zentrierte Achse zeigt eine einzigartige Platzfolge: Der weiträumige Schlossplatz wird im Süden durch das Wasserspiel der Kaskade abgeschlossen. Darauf folgt der querovale Platz Am Bassin mit seiner einheitlichen Bebauung mit Hofbeamtenhäusern aus Backstein. Eine kurze Allee verbindet den Bassinplatz mit dem quadratischen Kirchplatz, an dessen Südrand die Hofkirche mit ihrer Tempelfront wirkungsvoll vorgeschoben ist. Dieser Platz ist überwiegend mit eingeschossigen, ursprünglich für Hofbedienstete errichteten Fachwerkhäusern bebaut. Die Platzfolge zitiert große Vorbilder, so erinnert Am Bassin an den Grundriss antiker Amphiteater gleichermaßen wie an den Petersplatz in Rom. Im Norden des Schlosses erstreckt sich die Achse über ein Rasenparterre in den weitläufigen Landschaftspark.

Nachdem Herzog Paul Friedrich 1837 die Residenz wieder nach Schwerin zurückverlegt hatte und dort mit dem Umbau des Schlosses begann, wurde Ludwigslust zu einer kleinen Land- und Garnisonsstadt. Dies führte letztlich zur vollständigen Erhaltung einer der schönsten Residenzstädte des 18. Jahrhunderts in Norddeutschland.

Blick von Süden über Kirchplatz und Am Bassin auf Schloss und Parkanlagen

KOBLENZ
NEUES SCHLOSS UND NEUSTADT

In Koblenz befindet sich am Zusammenfluss von Mosel und Rhein ein Wahrzeichen unseres Landes: das Deutsche Eck. Auch ihren Namen verdankt die Stadt der markanten Flussmündung: Als die Römer zur Zeit des Kaisers Augustus (27 v.-14 n. Chr.) dort ein Kastell errichteten, nannten sie diesen Militärstützpunkt »Castellum apud Confluentes« (Kastell am Zusammenfluss). Aus Confluentes ging schließlich der heutige Stadtname hervor. In Koblenz sind trotz der zahlreichen Kriegszerstörungen, welche die Stadt aufgrund ihrer strategischen Lage immer wieder heimsuchten, zahlreiche Zeugnisse einer 2000-jährigen Geschichte erhalten. Zu diesen gehört neben den mittelalterlichen Kirchen und der berühmten Festung Ehrenbreitstein auch das einst als Residenz der Kurfürsten von Trier errichtete Neue Schloss am Rhein.

Die erzbischöflichen Landesherren des Kurfürstentums Trier ließen bereits im 13. Jahrhundert an der Moselbrücke eine Burg errichten. Als zeitweilige Residenz der Kurfürsten fungierte das am östlichen Rheinufer unterhalb des Ehrenbreitsteins während des Dreißigjährigen Krieges begonnene Schloss Philippsburg, das 1801 zerstört wurde. Mit dem Bau eines neuen Residenzschlosses verlegte der letzte Trierer Kurfürst, Clemens Wenzeslaus von Sachsen, die Residenz 1786 endgültig von der Bischofsstadt nach Koblenz.

Das frühklassizistische Neue Schloss war der letzte Neubau einer deutschen Residenz im 18. Jahrhundert. Sie wurde 1777–1793 nach Entwürfen des aus Paris stammenden Baumeisters Pierre Michel d'Ixnard und eines weiteren Franzosen, Antoine-François Peyre, errichtet. Daher verkörpern Architektur und Grundrissdisposition die seinerzeit aktuellen Architekturströmungen in Frankreich. Der Ehrenhof mit seinen halbkreisförmigen Seitengebäuden, den Zirkularbauten, zitiert klassische Architekturmotive und erinnert an Grundrisse römischer Kaiserforen. Aufgrund der unmittelbaren Lage am Rheinufer besitzt die Schlossanlage an seiner Rückseite kein ausgedehntes Gartenparterre. Mit der Auflösung des Kurfürstentums im Jahr 1801 endete die kurze Residenzgeschichte. Das Schloss diente bis 1918 außer zu Verwaltungszwecken als Wohnort der preußischen Könige und deutschen Kaiser. Nach den Zerstörungen des Zweiten Weltkrieges beherbergt es überwiegend Behörden des Bundes.

Mit dem Bau der Schlossanlage erfolgte zugleich die Errichtung der auf regelmäßigem Grundriss angelegten Neustadt, zu der wiederum Antoine-François Peyre die Pläne schuf. Die Neustadt erweiterte den mittelalterlichen Stadtkern über den ehemaligen Bastionärbefestigungen nach Süden. In der Stadterweiterung entstanden neben einer einheitlichen frühklassizistischen Wohnbebauung auch öffentliche Bauten wie das Stadttheater. Als Hauptachse zielt die Schlossstraße auf den Mittelbau des Schlosses. An der Einmündung zeigt der weitläufige Schlossvorplatz eine halbkreisförmige Aufweitung, welche sich mit den beiden Zirkularbauten im Grundriss zu einer eindrucksvollen Platzfigur zusammenschließt. Ihre heutige Gestalt erhielten die Freiräume des Schlossquartiers als moderne Interpretation der historischen Strukturen im Rahmen der Bundesgartenschau 2011.

Aufnahme von Osten mit Schloss, Schlossvorplatz und klassizistischer Neustadt

DÜSSELDORF
KÖNIGSALLEE

Die Düsseldorfer Königsallee, die »Kö«, gehört zu den mondänsten Einkaufsmeilen in Deutschland. Sie wird gesäumt von Geschäfts- und Kaufhäusern sowie Banken und Verwaltungsgebäuden aus dem späten 19. und 20. Jahrhundert. Die Geschichte der annähernd 1000 Meter langen und 81 Meter breiten Allee geht jedoch auf das frühe 19. Jahrhundert zurück. In den Jahrzehnten um 1800 erfolgte in zahlreichen europäischen Städten die Schleifung der Befestigungsanlagen und ihre Umwandlung in Parkanlagen, Promenaden und Alleen. In Düsseldorf, der einstigen Residenzstadt des Herzogtums Jülich-Berg und (von 1806–1813) des Großherzogtums Berg, wurden diese städtebaulichen Maßnahmen mit hohem gestalterischen Anspruch durchgeführt.

Die Königsallee und die leicht nordwestlich versetzt verlaufende Heinrich-Heine-Allee markieren die Ostgrenze des alten Stadtkerns der Landeshauptstadt von Nordrhein-Westfalen. Die Altstadt mit der ehemaligen landesherrlichen Burg am Rheinufer entstand seit dem 12. Jahrhundert und wurde bis in das 18. Jahrhundert hinein mehrfach erweitert: Bis zu diesem Zeitpunkt wurden die Stadtbefestigungen immer wieder verstärkt und schließlich im neuzeitlichen Bastionärssystem angelegt. Nach der Annexion der linksrheinischen Gebiete Deutschlands durch Napoleon im Jahr 1801 mussten die Befestigungen des rechtsrheinischen Düsseldorf beseitigt werden. Diese Aufgabe ermöglichte dem Hofgärtner Maximilian Friedrich Weyhe, eine reizvolle Abfolge von Parks und Alleen mit Gewässen um das damalige Stadtgebiet zu schmiegen. Kernstücke dieser Anlagen wurden die 1811 als Boulevard Napoleon angelegte Heinrich-Heine-Allee sowie der als englischer Landschaftspark konzipierte Hofgarten mit der von dort in südliche Richtung verlaufenden Königsallee. Verbindendes Element ist hier der aus dem Flüsschen Düssel gespeiste 30 Meter breite Stadtgraben.

Die zu beiden Seiten des Kanals verlaufenden Straßenzüge mit ihren jeweils doppelten Baumreihen trugen ursprünglich verschiedene Namen: Die westliche Allee hieß Kanalstraße, während das östliche Pendant mit »Neue Allee«, Mittelallee« und »Kastanienallee« bezeichnet wurde. Nach einem dort im Revolutionsjahr 1848 verübten Anschlag mit Pferdeäpfeln auf den Preußenkönig Friedrich Wilhelm IV. wurde sie drei Jahre später in Königsallee umbenannt.

Die am Übergang von der Stadt zum Umland erfolgte die Bebauung der Allee anfangs eher zögerlich. Ab 1838 entstanden am ihrem Südende die Bahnhöfe der frühesten westdeutschen Eisenbahnverbindungen (Düsseldorf-Elberfeld und Köln-Minden). Beide Bahnhöfe verschwanden mit der Eröffnung des Hauptbahnhofs im Jahr 1890. Inzwischen hatte sich die Bebauung infolge eines rasanten Stadtwachstums längst über die alten Stadtgrenzen hinaus erstreckt. Nun entstanden stattliche Wohn- und Geschäftshäuser und Hotels – die Königsalle erhielt ihren repräsentativen Charakter als städtischer Boulevard. Damit einher ging die Ausschmückung der Allee mit Plastiken und dem 1898–1902 geschaffenen Tritonbrunnen. Der nördlich anschließende Corneliusplatz verbindet die »Kö« mit dem Hofgarten und wurde 1882 als Schmuckplatz mit Brunnenanlage gestaltet. Am Rand dieser Parkanlage steht seit 1957–1960 das berühmte Dreischeiben-Hochhaus, eine Inkunabel der Nachkriegsarchitektur in der Bundesrepublik.

Blick über die Königsallee von Süden, im Hintergrund Hofgarten und Dreischeiben-Hochhaus (rechts)

FÜRTH
KÖNIGSWARTERSTRASSE UND HORNSCHUCHPROMENADE

Die Namen der Nachbarstädte Nürnberg und Fürth stehen für den Beginn des Eisenbahn- und damit in gewisser Hinsicht auch des Industriezeitalters in Deutschland: Am 7. Dezember 1835 legte der erste Eisenbahnzug die sechs Kilometer lange Strecke von der Frankenmetropole in das aufstrebende Fürth zurück. Die legendäre Lokomotive »Adler« benötigte mit ihren fünf Waggons 17 Minuten für die historische Fahrt. Um das Kapital für den Bahnbau bereitzustellen, hatte sich bereits im Vorjahr die Königlich privilegierte Ludwigs-Eisenbahn-Gesellschaft gegründet. König Ludwig I. von Bayern stellte für das Vorhaben zwar seinen Namen zur Verfügung, sein bevorzugtes Verkehrsprojekt war jedoch zunächst der 1846 eröffnete Ludwig-Donau-Main-Kanal.

Nachdem entlang der Linie seit 1881 auch eine Straßenbahn verkehrte, wurde die Ludwigs-Eisenbahn im Jahr 1922 stillgelegt. Die zugehörigen Bahnhofsgebäude fielen in Fürth 1938 und in Nürnberg 1952 dem Abbruch zum Opfer. Heute verläuft die Linie 1 der Nürnberger U-Bahn über weite Abschnitte auf der Trasse der ersten deutschen Eisenbahnstrecke. Darüber hinaus ist die Bahnlinie von 1835 anhand städtebaulicher Strukturen ablesbar. In Nürnberg überliefert die schnurgerade Fürther Straße den Streckenverlauf, wobei sie als Chaussee schon vor dem Eisenbahnbau angelegt worden war. In Fürth entstand die heutige Straßen- und Platzfolge Hornschuchpromenade, Königswarterstraße und Fürther Freiheit jedoch erst einige Jahrzehnte nach der Entstehung der Bahnstrecke.

Königswarterstraße und Hornschuchpromenade bilden eine markante Allee im Ostteil der Fürther Innenstadt. Ihre Namen ehren den Fürther Bankier Wilhelm Königswarter (1809–1887) und den Industriellen Christian Heinrich Hornschuch (1838–1912), beide Persönlichkeiten waren als Stifter für das Allgemeinwohl in Erscheinung getreten. Die baumbestandene Mittelpromenade heißt Willy-Brandt-Anlage. Nach Westen geht die Allee mit abknickendem Verlauf in den langgestreckten Platz der Fürther Freiheit über. Dessen Grundriss ist auf die Lage des einstigen Bahnhofs der Ludwigs-Eisenbahn zurückzuführen. Die repräsentative Bebauung der Promenade entstand im Wesentlichen zwischen 1883 und 1904. Sie gehört zu den Höhepunkten der reichen Denkmallandschaft in Fürth: Die überwiegend in Sandstein errichteten Fassaden zeigen die Formensprache des Historismus in den Variationen zwischen Neorenaissance und Neobarock bis zum Jugendstil. Die qualitätsvollen Bauten zeugen von einer wohlhabenden Bewohnerschaft, die sich seinerzeit scheinbar ohne Vorbehalte an der Bahnstrecke ansiedelte.

Königswarterstraße und Hornschuchpromenade bilden keine Sichtachse im herkömmlichen Verständnis, hier existiert kein dominierender Point de vue. Die Allee zeigt sich – in Verbindung mit der Fürther Freiheit – als städtebaulich hochwertig gestaltete Fassung eines zur Zeit ihrer Bebauung bereits historischen Verkehrsweges. Während diese Fassung heute noch besteht, sind die Spuren der ersten deutschen Eisenbahn nur noch für den kundigen Betrachter sichtbar.

Aufnahme von Osten mit Königswarterstraße (links) und Hornschuchpromenade (rechts), im Hintergrund die Fürther Freiheit

MÜNCHEN
LUDWIGSTRASSE

Bis heute prägend für das Stadtbild Münchens sind die im 19. Jahrhundert entstandenen Prachtstraßen und Platzanlagen. Sie wurden im Rahmen der ersten großen Stadterweiterungen angelegt, wobei die bayrischen Könige stark auf ihre Gestaltung einwirkten. Besonders Ludwig I. verfolgte mit seinen ehrgeizigen Bauprojekten das Ziel, München zu einer internationalen Kulturmetropole auszubauen. Der Monarch mischte sich nicht nur in die Planungen seiner Architekten ein, sondern spielte sie bisweilen auch gegeneinander aus. Eine Voraussetzung für die Errichtung der monumentalen Achsen war die Entfestigung der Stadt und die Absicht, die regellos wachsenden Vorstädte städtebaulich zu ordnen. Am Beginn dieser Entwicklung stand ab 1805 die Anlage der Maxvorstadt nordwestlich des alten Zentrums mit der Brienner Straße und dem Königsplatz.

Ihre Fortsetzung fand der planmäßige Ausbau dieses neuen Stadtquartiers mit dem ehrgeizigen Projekt, die Ausfallstraße vom Schwabinger Tor in Richtung Norden in einen repräsentativen Stadtraum zu verwandeln. Schon als Kronprinz schaltete sich Ludwig I. in die Planungen ein und übertrug das Projekt 1816 an den Architekten Leo von Klenze. Die neue Achse sollte die Besucher der bayrischen Hauptstadt gebührend begrüßen. Sie findet ihren Anfang in unmittelbarer Nähe der Residenz am ebenfalls neu geschaffenen Odeonsplatz. Das nördliche Ende der Straße ist mit einer quadratischen Platzanlage zentriert (heute Geschwister-Scholl- und Professor-Huber-Platz), dort befinden sich sich die Hauptgebäude der Ludwig-Maximilians-Universität. Ihren Abschluss findet der Straßenzug sowohl bauzeitlich als auch städtebaulich mit dem 1850 vollendeten Siegestor. Bis 1862 folgte noch die Errichtung eines Reiterstandbildes für Ludwig I., der im Revolutionsjahr 1848 abgedankt hatte, am Odeonsplatz.

Der König beabsichtigte, die Ludwigstraße als Architekturgalerie zu gestalten. Er bevorzugte Bauformen der klassischen Antike und der italienischen Renaissance. So entstanden im ersten Bauabschnitt bis 1827 im Südteil der Straße überwiegend von Privatleuten finanzierte Palais und Wohnbauten im Stil italienischer Renaissancepaläste. Hinter den Fassaden wurden mitunter Gebäude mehrerer Eigentümer zusammengefasst. Der zweite Bauabschnitt ist sowohl von einem Paradigmenwechsel wie auch von einem Austausch des Architekten gekennzeichnet: Anstelle Klenzes übernahm sein Konkurrent Friedrich von Gärtner die Planungen und statt einer repräsentativen Wohnbebauung sollten im nördlichen Abschnitt nun größere öffentliche Bauwerke errichtet werden. So entstanden hier unter anderen die Ludwigskirche, die Staatsbibliothek und das Hauptgebäude der Universität. An diesen Gebäuden tritt nun der für den Übergang vom Spätklassizismus zur Neorenaissance typische Rundbogenstil in Erscheinung. Die 1829–1844 nach Gärtners Entwürfen erbaute Ludwigskirche, bei der Motive der mittelalterlichen Architektur Italiens Pate standen, bildet mit ihrer breiten Doppelturmfront das Pendant zur barocken Theatinerkirche am Odeonsplatz.

Als Blickpunkte der Ludwigstraße treten am Odeonsplatz die Feldherrenhalle und das Siegestor am Übergang zur Schwabinger Straße in Erscheinung. Diese ebenfalls von Gärtner konzipierten Bauten vollenden als annähernde Kopien der Loggia dei Lanzi in Florenz und des Konstantinbogens in Rom das Konzept der Architekturgalerie. So wurde die Ludwigstraße bereits von Zeitgenossen als kulissenhaft kritisiert. Nachdem große Teile des Straßenzuges im Zweiten Weltkrieg stark beschädigt worden waren, hatte man die Qualität der Achse als städtebauliches Gesamtkunstwerk jedoch längst erkannt. Daher erfolgte ein Wiederaufbau, der den Charakter dieses Münchner Wahrzeichens zu erhalten wusste.

Blick von Süden, vorn: Odeonsplatz und Theatinerkirche, im Hintergrund Ludwigskirche, Universität und Siegestor sowie Leopoldstraße

MÜNCHEN
MAXIMILIANSTRASSE UND MAXIMILIANEUM

Die Maximilianstraße gehört zu den repräsentativen Prachtboulevards der bayrischen Landeshauptstadt und steht in einer Reihe mit Ludwig- und Prinzregentenstraße sowie Brienner Straße. Sie verbindet das alte Stadtzentrum in östliche Richtung über die Isar mit dem Stadtteil Haidhausen. Einen wirkungsvollen Abschluss bildet dort das über dem Hochufer der Isar breit aufragende Maximilianeum. Der Straßenzug gehört heute zu den exklusivsten Flaniermeilen Deutschlands.

Ausgangspunkt für die neue Achse war der zu Beginn des 19. Jahrhunderts geschaffene Max-Joseph-Platz. Nachdem dort mit dem Nationaltheater und dem Königsbau der Residenz neue Wahrzeichen der Hauptstadt entstanden waren, geriet das Projekt einer von diesem zentralen Platz ausgehenden weiteren Prachtstraße in den Fokus. Den großen Achsen war eine repräsentative wie auch ordnende Funktion für die Stadterweiterungen zugedacht. In diesem Fall sollten das Quartier östlich des Residenzviertels, das damals noch vorstädtische Lehel, neu geordnet und eine Verbindung über die Isar nach Haidhausen geschaffen werden.

Die Planung der Maximilianstraße führte zu einem bemerkenswerten Kapitel der Architekturgeschichte des 19. Jahrhunderts: König Maximilian II. schrieb 1850 einen Architektenwettbewerb für die die Errichtung eines als Bildungseinrichtung geplanten »Athenäums« (später: Maximilianeum) aus. Ein hochgestecktes Ziel dieses Wettbewerbs beinhaltete die Erschaffung eines neuen Baustils, für dessen Komposition Motive verschiedener historischer Epochen erwünscht waren. Der neue Stil sollte auch in den neuen Straßenachsen zum tragen kommen. Da keine zufriedenstellenden Ergebnisse erzielt wurden, beauftragte der König nach einem weiteren Wettbewerb den einheimischen Baumeister Georg Friedrich Christian Bürklein 1852 mit den Entwürfen für die wichtigsten Bauten des Straßenzuges und für das Maximilianeum. Der Baustil der neuen Straße ist als Maximilianstil in die Kunstgeschichte eingegangen. Die Gebäude zeigen Anklänge an gotische Architektur, sind jedoch eher im klassischen Sinn proportioniert und gegliedert, womit sie als eklektizistisch bezeichnet werden können. Das erst 1874 vollendete Maximilianeum wartet dagegen mit den Formen der italienischen Renaissance auf.

Die Maximilianstraße teilt sich in einen enger gefassten westlichen und einen platzartig aufgeweiteten östlichen Verlauf. Im Ostabschnitt wurden dementsprechend öffentliche Gebäude errichtet und Grünstreifen mit Baumbestand angelegt. Heute befinden sich dort die Regierung von Oberbayern und das Museum Fünf Kontinente. In der ursprünglichen Konzeption war der platzartige Straßenabschnitt in Form eines antiken Stadions vorgesehen, der halbrunde Ostabschluss konnte jedoch nicht realisiert werden. Auf dem Platz steht das 1875 enthüllte Denkmal für König Maximilian II. Nach den Beschädigungen des Zweiten Weltkrieges wurde die Geschlossenheit der Maximilianstraße für den Durchbruch des Altstadtrings in den 1960er Jahren zwar beeinträchtigt, der Boulevard konnte seinen einheitlichen Charakter jedoch großenteils bewahren. Er gehört heute zu den bekanntesten Adressen der bayrischen Metropole. Das Maximilianeum beherbergt seit 1949 den Bayrischen Landtag.

Blick von Westen über den Max-Joseph-Platz und die Maximilianstraße auf das Maximilianeum.

ETTAL
SCHLOSS LINDERHOF

Schloss Linderhof ist das intimste der drei berühmten Königsschlösser Ludwigs II. von Bayern. Es befindet sich in einer einzigartigen Alpenlandschaft und gehört zur Gemeinde Ettal. Das gleichnamige Benediktinerkloster mit seinem hochbedeutenden Kirchenbau ist 11 Kilometer von Linderhof entfernt. Das neobarocke Schloss und seine Garten- und Parkanlagen wirken sehr einheitlich, weisen jedoch eine komplizierte Baugeschichte auf.

Der »Märchenkönig« Ludwig II. war von der Weltanschauung eines christlichen Herrschertums durchdrungen und zog sich immer mehr aus der Öffentlichkeit zurück. Als Rückzugsorte dienten ihm die maßgeblich von ihm selbst konzipierten abgelegenen Schlösser. Nach seiner Entmündigung starb Ludwig unmittelbar darauf, möglicherweise durch Selbstmord, im Starnberger See. Als Ludwig II. 1864 den Thron bestiegen hatte, widmete sich der von mittelalterlicher Ritterkultur begeisterte Herrscher zunächst den Planungen von Schloss Neuschwanstein. Eine weitere Vorliebe des Königs waren die Schöpfungen der französischen Könige Ludwigs XIV. und XV. Daher verfolgte er 1867 das Projekt, unweit von Linderhof im Graswangtal sein Versailles zu errichten, das den Namen »Meicost-Ettal« erhalten sollte. Parallel dazu entstanden Entwürfe für einen byzantinischen Palast. Die Ausführung der Bauvorhaben Ludwigs lagen in den Händen des Hofarchitekten Georg von Dollmann.

Anstelle des später auf Herrenchiemsee verwirklichten Versailles-Projekts ließ der König 1869 ein in der Nähe liegendes älteres Bauernhaus umbauen und in den Folgejahren erweitern. Das in alpenländischer Bauweise zum Teil in Holz errichtete Anwesen war bereits von seinem Vater Maximilian II. als Jagdsitz genutzt worden. Die Erweiterungen umschlossen den Altbau im Norden mit drei Flügeln. Nachdem ihre ursprünglich in Holz ausgeführten Fronten durch eine repräsentative Steinarchitektur ummantelt worden waren, ließ der König das alte Jagdhaus 1874 an einen unweit gelegenen Standort translozieren und den Südtrakt mit der Hauptfront errichten. Damit erhielt Linderhof seine äußerliche Gestalt als kleines Lustschloss mit prunkvollen Fassaden im Stil eines französisch inspirierten Neobarock.

Der Schlosspark entstand in den Jahren 1874–1880 und umfasst einen formal gestalteten Bereich sowie einen erweiterten Landschaftspark. Die Entwürfe schuf der Hofgärtner Carl von Effner, ein Urenkel des berühmten bayrischen Barockarchitekten und Gartenkünstlers Joseph Effner. Das wie in einem Sattel gelegene Schloss ist Ausgangspunkt für eine Hauptachse, die nach Süden über ein Gartenparterre mit Bassin und eine gestaffelte Treppenanlage auf den Venustempel im Süden zielt. In nördlicher Richtung lenkt die Achse den Blick über die Kaskade und den Neptunbrunnen auf einen Musikpavillon. Im Landschaftspark befinden sich neben der Venusgrotte reizvolle Staffagebauten, von denen das Marokkanische Haus und der Maurische Kiosk in orientalischem Stil gehalten sind.

Schloss Linderhof verkörpert wie die beiden größeren Königsschlösser Ludwigs II. die Traumwelt eines Herrschers, der sich nach einer von Gottes Gnaden erteilten monarchischen Machtfülle sehnte. Andererseits nutzte er die technischen Errungenschaften der zeitgleich beschleunigten Industrialisierung: Für die Beleuchtung der Venusgrotte mit elektrischem Licht ließ der König in Linderhof 1878 das früheste kontinuierlich betriebene Kraftwerk der Welt errichten.

Blick von Süden über die Hauptachse mit Venustempel, Schlossanlage, Kaskade und Musikpavillon

HERRENCHIEMSEE
SCHLOSS

Die Herreninsel ist die größte Insel im oberbayrischen Chiemsee. Sie verdankt ihren Namen einem Kloster, dessen Geschichte bis in das 7. Jahrhundert zurückreicht. Das Benediktinerkloster Herrenchiemsee wurde mit der Säkularisation im frühen 19. Jahrhundert aufgelöst. Erhalten gebliebene Gebäude der einstigen Abtei bilden heute das Alte Schloss Herrenchiemsee. Im Jahr 1873 erwarb König Ludwig II. von Bayern die Insel. Ludwig regierte von 1864 bis 1886 und ist als »Märchenkönig« in die Geschichte eingegangen. Ausdruck seiner Flucht in Traumwelten waren seine großen Schlossprojekte. Die Schlösser waren als persönliche Refugien weitab der Öffentlichkeit vorgesehen und der Publikumsverkehr hier auf ein Mindestmaß beschränkt.

Der von mittelalterlichem Rittertum gleichermaßen wie von der Macht des französischen »Sonnenkönigs« Ludwig XIV. faszinierte Ludwig II. war von Schloss Versailles in besonderem Maße begeistert, obwohl er es nie selbst gesehen hatte. Um sein eigenes Versailles in Bayern zu schaffen, ließ der Monarch ab 1878 neben den Bauten in Neuschwanstein und Linderhof das Schloss Herrencheimsee errichten. Die Pläne für das eng an seinem Vorbild orientierte und nie fertig gestellte Bauwerk stammten von dem Hofarchitekten Georg von Dollmann, die Gartenplanung erfolgte durch den Hofgärtner Carl von Effner. Die Gartenfront von Versailles und der berühmte Spiegelsaal sind auf Herrenchiemsee fast detailgetreu kopiert worden. Der nach Osten hin offene Hof zitiert den Marmorhof der französischen Königsresidenz, die dortigen Fassaden zeigen jedoch eine eigenständige neobarocke Architektur. Eines der riesigen Treppenhäuser verblieb im Rohbauzustand, während die geplanten Seitenflügel nicht einmal begonnen wurden.

Schloss Herrenchiemsee steht im Zentrum einer von West nach Ost über die ganze Insel verlaufenden Achse. Im Westen ist sie über einen Kanal an den Chiemsee angebunden. Die doppelten Lindenalleen der Achse sind um die Schlossanlage herumgeführt und grenzen sie vom umliegenden Inselwald ab. Vor der Gartenfassade des Schlosses besteht ein barockes Gartenparterre mit Wasserbassins, das mit seiner Fortsetzung durch den Kanal dem berühmten Vorbild von Versailles nachempfunden ist. Der Blick von der Schlossterrasse über Garten und Kanal in die Ferne macht die Illusion der französischen Königsresidenz geradezu perfekt. Die ursprünglich weitaus umfassenderen Gartenplanungen blieben wie diejenigen für das Schloss letztlich unausgeführt.

Die Königsschlösser Ludwigs II. sind heute Anziehungspunkte für Besucher aus aller Welt. Verständlich werden sie jedoch nur in Verbindung mit der Annäherung an die exzentrische Persönlichkeit dieses wohl bekanntesten Bayernkönigs. Seine Sehnsüchte nach einer auf Gottesgnadentum bezogenen Herrschaft kollidierten in einer Epoche größter technischer und sozialer Umbrüche mit den Realitäten. Wenig mehr als drei Jahrzehnte nach seinem Tod gingen die Monarchien in Deutschland dem Ende entgegen.

Blick von Westen über den Kanal auf Schloss und Gartenparterre

MAINZ
KAISERSTRASSE UND CHRISTUSKIRCHE

Die alte Bischofsstadt Mainz ist seit 1946 Landeshauptstadt von Rheinland-Pfalz und erstreckt sich am westlichen Rheinufer direkt gegenüber der Mündung des Mains. Schon die Römer erkannten die günstige strategische Lage dieses Ortes. Sie errichteten hier um das Jahr 13 oder 12 v. Chr. einen Militärstützpunkt. Neben dem auf einer Anhöhe gelegenen Legionslager Mogontiacum bildete sich eine Zivilsiedlung, aus der die spätere Stadt Mainz hervorging. Sie gehört damit zu den ältesten Städten Deutschlands. Vom frühen Mittelalter an war sie bis zur Besetzung durch französische Truppen während der Revolutionskriege im Jahr 1792 die wohl wichtigste geistliche Metropole des alten Reiches: Das Erzbistum Mainz umfasste die größte deutsche Kirchenprovinz und die Erzbischöfe besaßen als Kurfürsten außerdem großen politischen Einfluss.

Nach dem Wiener Kongress gelangte Mainz 1816 an das Großherzogtum Hessen. Aufgrund ihrer Lage wurde die Stadt zu einer Festung des Deutschen Bundes ausgebaut und damit ihre weitere Entwicklung stark eingeschränkt. Während andere Städte ähnlicher Größe längst entfestigt waren und über die alten Wallringe hinaus erweitert werden konnten, stagnierten Stadtentwicklung und Einwohnerzahlen in Mainz. Aufgrund dieser Situation ließen die Stadtväter einen Erweiterungsplan ausarbeiten, der ein neues Stadtquartier im Norden der Altstadt vorsah. Die Entwürfe konnten 1866 von Stadtbaumeister Eduard Kreyßig vorgelegt werden. Das zur Bebauung vorgesehene Gartenfeld lag jedoch außerhalb des Festungsrings. Schwierige Verhandlungen mit Regierung und Militär führten schließlich 1872 zum Erfolg: Die Errichtung der Neustadt wurde genehmigt. Da Mainz weiterhin Festungsstadt blieb, verschob man den Wall soweit nach Norden, dass die Stadtfläche verdoppelt werden konnte.

Kreyßig plante die Neustadt nach dem Vorbild der Umgestaltung von Paris durch Baron Haussmann sehr großzügig mit einem regelmäßigen Straßenraster. Ab 1880 entstand im Bereich des aufgegebenen nördlichen Festungsgürtels ein Boulevard, der Alt- und Neustadt verknüpfen und gleichzeitig als repräsentative Achse des neuen Stadtteils dienen sollte. Im Jahr 1888 erhielt er den Namen Kaiserstraße. Im Westen ist der 60 Meter breite Boulevard über eine kurze Stichstraße mit dem 1884 eröffneten Hauptbahnhof verbunden. Auf einer Platzerweiterung im östlichen Straßenverlauf wurde 1896–1903 die ebenfalls von Kreyßig entworfene Christuskirche errichtet. Der mächtige, in Formen der italienischen Renaissance errichtete protestantische Sakralbau ist nicht nur das Wahrzeichen der Neustadt, sondern war im überwiegend katholischen Mainz auch als Gegenpol zum Mainzer Dom gedacht. Im Osten mündet die mit Grünanlagen ausgestattete Achse am Rheinufer.

Am Westende der Kaiserstraße entstand 1937 das Reichsbahndirektionsgebäude, das den Straßenzug hier riegelartig abschließt (heute Stadthaus). Während der Bombenangriffe auf Mainz im Zweiten Weltkrieg wurde auch die Neustadt schwer getroffen. Daher zeigen das auf dem Straßenraster des späten 19. Jahrhunderts wiederaufgebaute Stadtquartier und die Kaiserstraße heute eine Mischung aus prächtigen Gründerzeitbauten und schlichten Wohn- und Geschäftshäusern der Nachkriegsjahrzehnte. Die großzügig durchgrünte Neustadt ist inzwischen eines der beliebtesten innerstädtischen Wohnquartiere der Landeshauptstadt.

Blick von Westen auf Kaiserstraße und Christuskirche, im Hintergrund der Rhein

BRAUNSCHWEIG
JASPERALLEE

Braunschweig wurde erstmals im Jahr 1031 in einer Weiheurkunde erwähnt und war im Mittelalter eine der größten norddeutschen Städte. Ausgangspunkt der wohl bis in das 9. Jahrhundert zurückreichenden Besiedlung waren eine Niederungsburg – die spätere Burg Dankwarderode – und der Übergang eines Fernhandelsweges über den Fluss Oker. Mit der Herrschaft des welfischen Herzogs Heinrich der Löwe begann im 12. Jahrhundert der Aufstieg Braunschweigs, dessen mittelalterliche Stadtgestalt und -verfassung mit den fünf Weichbilden (Teilstädten) als Besonderheit in der deutschen Städtelandschaft gelten kann. Im Spätmittelalter gehörte Braunschweig zu den führenden Hansestädten. Das 18. und 19. Jahrhundert waren geprägt vom Ausbau zur Residenz der welfischen Landesherren. Die einst berühmte Fachwerkstadt wurde im Zweiten Weltkrieg weitgehend zerstört.

Der historische Kern hebt sich durch einen markanten Grüngürtel, den Wallring mit seinen Oker-Umflutgräben, deutlich von den seit dem 19. Jahrhundert entstandenen Stadtquartieren ab. Im östlichen Teil des Wallrings befinden sich die ursprünglich herzoglichen Parkanlagen, in denen das Staatstheater und das Herzog Anton Ulrich-Museum eingebettet sind. Der 1861 eingeweihte Theaterbau wurde schließlich zum Dreh- und Angelpunkt der gründerzeitlichen Stadterweiterung. Er ist gleichermaßen Point de Vue des innerstädtischen Steinwegs und Ausgangspunkt für die Hauptachse der Erweiterung Braunschweigs nach Osten: der Jasperallee. Die unterschiedlichen Richtungen der beiden Straßenachsen sind in der historischen Entwicklung und der Topographie begründet. Die Straße wurde 1946 nach Heinrich Jasper, einem ehemaligen Ministerpräsidenten des Landes Braunschweig, benannt. Der Politiker war 1945 im Konzentrationslager Bergen-Belsen umgekommen.

Die Stadterweiterungen des späten 19. Jahrhunderts gehen auf die Planungen des damaligen Stadtbaurats Ludwig Winter zurück, dessen Ortsbauplan 1889 fertiggestellt wurde. Im Gegensatz zu den meisten europäischen Städten entstanden die gehobenen Quartiere der Braunschweiger Erweiterung nicht im Westen, sondern östlich des alten Zentrums. Entsprechend repräsentativ stellt sich die durch eine Mittelallee hervorgegebene Hauptachse dar, die ursprünglich Kaiserstraße genannte Jasperallee. Sie zentriert die überwiegend regelmäßigen und großzügig durchgrünten Wohnquartiere, deren Bebauung in hierarchischer Staffelung zur Allee hin in ihrem gestalterischen Aufwand kulminiert. An der Hauptachse befinden sich Häuser mit großen Wohnungen und reichen Fassaden des Historismus sowie Vorgärten, wo sich die Familien des gehobenen Bürgertums ansiedelten.

Die Jasperallee führt über eine reizvolle Doppelplatzanlage mit der neugotischen Paulikirche und mündet am östlichen Ende im Stadtpark. Die ursprüngliche Absicht, sie über einen weiter östlich gelegenen Höhenzug (Nussberg) mit bekrönendem Kaiserdenkmal weiterzuführen, blieb unausgeführt. Heute gehört das im späten 19. Jahrhundert entstandene Stadtquartier, das Östliche Ringgebiet, zu den begehrten Wohnvierteln der niedersächsischen Stadt.

Ostansicht der Jasperallee mit Paulikirche (vorn) und Staatstheater, im Hintergrund das Stadtzentrum

MANNHEIM
AUGUSTAANLAGE UND FRIEDRICHSPLATZ MIT WASSERTURM

Die Mannheimer Innenstadt ist eines der ausgeprägtesten Beispiele für eine regelmäßige Stadtanlage des Absolutismus in Deustchland. Sie ging als »Stadt der Quadrate« in die Architektur- und Stadtbaugeschichte ein. Im 19. Jahrhundert wandelte sich die einst glanzvolle barocke Residenz in eine dynamische Industriestadt. Wie alle größeren Städte erlebte Mannheim nach Gründung des Kaiserreichs einen sprunghaften Bevölkerungszuwachs: Hatte sich die Einwohnerzahl von 1800 bis 1870 von ca. 20.000 auf ca. 35.000 erhöht, so überschritt sie 1897 die 100.000, womit der Status als Großstadt erreicht war.

Die industrielle Entwicklung war in Mannheim von außerordentlichem Erfindergeist gekennzeichnet, der besonders auf dem Gebiet der Fortbewegungsmittel nachhaltige Früchte trug: 1817 konstruierte Karl Drais hier das erste Zweirad, 1880 präsentierte Werner von Siemens in Mannheim erstmals einen elektrisch betriebenen Aufzug und 1886 schuf Carl Benz seinen berühmten Motorwagen – den Prototypen des Automobils. Heute noch bekannt ist auch der Landmaschinenhersteller Lanz, der 1921 den legendären »Bulldog« auf den Markt brachte. Auch die BASF geht auf eine Mannheimer Gründung im Jahr 1865 zurück. Mit dem Rheinhafen und als Eisenbahnknotenpunkt entwickelte sich die Stadt auch zur Verkehrsdrehscheibe.

Im Rahmen von Industrialisierung und Wachstum der Einwohnerzahlen mussten umfangreiche Stadterweiterungen vorgenommen werden. Diese erfolgten aufgrund der Lage Mannheims an der Neckarmündung in den Rhein vorwiegend in südöstliche Richtung. Hier wurde die dominante Querstraße der barocken Innenstadt, die Planken, als zentrierende Achse des neuen Stadtquartiers weitergeführt. Sie erhielt ihren Namen Augustaanlage nach der Gemahlin Wilhelms II., Kaiserin Augusta. Die repräsentative Gestaltung mit breitem Mittelstreifen und doppelten Platanenreihen geht vorwiegend auf das 1907 begangene 300-jährige Stadtjubiläum zurück. Als eine der wichtigsten Ausfallstraßen verbindet sie den Stadtkern seit 1935 mit der Autobahn nach Heidelberg.

Eindrucksvoller Point de Vue für Augustaanlage und Planken ist der 1889 fertiggestellte Wasserturm an der Nahtstelle des barocken Stadtzentrums zu den neu angelegten Quartieren. Der von dem Architekten Gustav Halmhuber konzipierte Bau ist in die weitläufige Anlage des halbrund abschließenden Friedrichsplatzes eingebettet. Dieser wurde nach dem badischen Großherzog Friedrich benannt und erhielt seine großzügige Gestaltung durch Wasserbecken, Fontänen und Grünanlagen ebenfalls im Rahmen des Stadtjubiläums. Die maßgeblich von dem Architekten Bruno Schmitz konzipierte Platzbebauung umfasst die Kunsthalle, den Rosengarten und die repräsentativen Arkadenhäuser am Halbrund. Mit seinem einzigartigen Ensemble von Jugendstilbauten gehört der Friedrichsplatz zu den bedeutendsten Zeugnissen der Stadtbaukunst aus den Jahren um 1900 in Deutschland.

Blick über die Augustaanlage nach Westen mit Wasserturm und Friedrichsplatz, dahinter das Stadtzentrum

HAMBURG
STADTPARK

Im Jahr 1912 überschritt die Einwohnerzahl der alten Hansestadt Hamburg die Zahl von einer Million Einwohnern. Die Hafenstadt gehörte bereits im Mittelalter zu den großen Städten im deutschsprachigen Raum, lag aber um 1500 noch hinter dem seinerzeit bedeutenderen Lübeck. Während des 18. Jahrhunderts stieg die Bevölkerung auf über 100 000 Bewohner an. Mit der Industrialisierung und der Entwicklung Hamburgs zum Welthafen kam es im 19. Jahrhundert zu einer Versechsfachung der Einwohnerzahl. Wie in zahlreichen europäischen Großstädten separierten sich auch in Hamburg die Stadtquartiere in wohlhabende Bezirke mit lockerer Villenbebauung und Arbeiterviertel mit dichten Massenwohnquartieren. Im Sommer 1892 starben in der Hafenstadt aufgrund unhygienischer Verhältnisse und durch verschmutztes Trinkwasser über 8 000 Menschen an einer Cholera-Epidemie.

In den Jahren um 1900 hatten Städteplaner längst die Bedeutung von Parks und Grünanlagen als wichtige Bausteine moderner Großstädte erkannt. Diese Entwicklung war ein Aspekt der damaligen Reformbewegung, die eine umfassende Erneuerung sowohl des kulturellen als auch des alltäglichen Lebens anstrebten. Mit dem Architekten Fritz Schumacher gelangte 1909 ein wichtiger Vertreter dieser Bewegung in das Amt des Hamburger Stadtbaurats. Schumacher war einer der besten Architekten und Städtebauer seiner Epoche. Er prägte die norddeutsche Stadt mit einer Vielzahl von öffentlichen Gebäuden, deren Backsteinfassaden noch heute wesentlich zur hamburgischen Identität beitragen. Zu einem Wahrzeichen geriet der 1915 nach Plänen Schumachers fertiggestellte Wasserturm im Hamburger Stadtpark. In der Kuppel des Bauwerks wurde ein Planetarium eingerichtet.

Auch der Park selbst war im Wesentlichen von Schumacher konzipiert worden, nachdem er 1910 einen in Zusammenarbeit mit dem Ingenieur Ferdinand Sperber ausgearbeiteten Entwurf vorgelegt hatte. Die Anlage entstand in Winterhude, einem Stadtteil nördlich der Außenalster. Obwohl sie bereits 1914 eröffnet wurde, vergingen noch viele Jahre bis zu ihrer endgültigen Fertigstellung. Der Stadtpark gehört zu den bedeutenden Beispielen für die um und nach 1900 in Deutschland entstandenen Volksparks. Neben den weitläufigen Gehölzen und landschaftsgärtnerisch gestalteten Partien erhielt der Park starke architektonische Gestaltungsmotive. Rückgrat der Parkanlage ist eine weite Achse, die von West nach Ost zwischen Wasserturm und östlichem Haupteingang aufgespannt ist. Sie gliedert sich in eine Waldschneise vor dem Wasserturm, große Rasenflächen und den Stadtparksee, dessen Ausrichtung eine weitere Parkachse in Nord-Süd-Richtung vorgibt.

Der Stadtpark wurde mit zahlreichen Einrichtungen für Freizeit und Gastronomie ausgestattet. Am östlichen Endpunkt der Hauptachse befand sich die von Schumacher entworfene Stadthalle mit ihren Seeterrassen. Sie wurde jedoch ebenso wie weitere Parkgebäude im Zweiten Weltkrieg zerstört. Die zahlreichen Parkskulpturen, die von renommierten Künstlern wie Georg Kolbe und Georg Wrba geschaffen wurden, gehen auf eine Initiative des Kunsthistorikers Alfred Lichtwark zurück, der von 1886 bis 1914 als Direktor der Hamburger Kunsthalle wirkte. Mit einer Fläche von 148 Hektar ist der Stadtpark eine der großen städtischen Parkanlagen in Deutschland und bildet heute eine grüne Lunge inmitten der prosperierenden Millionenstadt.

Ansicht der Hauptachse von Westen mit Wasserturm, im Hintergrund der Stadtparksee

LEIPZIG
VÖLKERSCHLACHTDENKMAL

Im Süden der alten Messestadt Leipzig kam es im Oktober 1813 zu einer viertägigen Schlacht, die den Armeen Napoleons nach seinem gescheiterten Russlandfeldzug eine entscheidende Niederlage beibrachte. Der Kampf der Truppen Preußens, Russlands, Österreichs und Schwedens gegen die Streitmacht Frankreichs mit seinen Verbündeten ging mit weit über 100 000 Toten als blutigste Schlacht des 19. Jahrhunderts in die Geschichte ein. Zwei Jahre später wurden mit dem Wiener Kongress die alten Herrschaftsverhältnisse in Europa weitgehend wiederhergestellt. Die Hoffnungen fortschrittlicher und patriotischer Kräfte, die den Kampf gegen Napoleon als Befreiungskrieg gesehen hatten, fühlten sich durch diese Restauration um ihr Begehren nach einer geeinten Nation betrogen. Die Völkerschlacht spielte im Gedenken weiter Kreise der Bevölkerung in den deutschen Ländern an den Sieg über Napoleon eine zentrale Rolle.

Bereits unmittelbar nach der Schlacht warb der Dichter Ernst Moritz Arndt, der den Kampf gegen Napoleon publizistisch unterstützt hatte, für die Schaffung eines Denkmals. Im Rahmen der Gedenkfeiern zum 50. Jahrestag der Völkerschlacht wurde in Leipzig der Grundstein für ein nie vollendetes Denkmal gelegt. Erst nachdem sich 1894 der Deutsche Patriotenbund mit dem Ziel gegründet hatte, ein monumentales Denkmal zu errichten, nahmen die Planungen wieder Fahrt auf. Aus einem Architektenwettbewerb ging zwar Wilhelm Kreis als Sieger hervor, mit der Planung wurde jedoch Bruno Schmitz beauftragt, der bereits das Kyffhäuserdenkmal konzipiert hatte. Schmitz bediente sich auch bei anderen Bauaufgaben eines Monumentalstils, der besonders für die Nationaldenkmäler des späten 19. Jahrhunderts geeignet erschien. Nach fünfzehnjähriger Bauzeit wurde das 91 Meter hohe Monument am 18. Oktober 1913 in Anwesenheit Kaiser Wilhelms II. eingeweiht.

Dem Denkmal ist ein von Baumreihen umgebener Freiraum mit großem Wasserbecken zugeordnet. Das Becken erhielt den symbolischen Namen »See der Tränen«, um an die Trauer für die in der Schlacht Getöteten zu erinnern. Der Gedenkort ist Ausgangspunkt einer nach Nordwesten führenden Wegachse, die über das ehemalige Messegelände, den Deutschen Platz und die Straße des 18. Oktober in Richtung Stadtzentrum führt. Diese Straßenachse geht ebenfalls auf die Planungen zum Denkmal zurück. Sie verbindet den Bayrischen Platz im Süden des Stadtzentrums mit der Denkmalsanlage und erhielt ihren Namen im Jahr 1909.

Am ovalen Deutschen Platz befindet sich das 1915 eröffnete Hauptgebäude des Leipziger Standorts der Deutschen Nationalbibliothek mit den modernen Erweiterungen. Die Alte Messe geht auf das Ausstellungsgelände einer Bauausstellung im Jahr 1913 zurück und war von 1920 bis 1991 zentraler Schauplatz der Leipziger Messe. Zwischen Alter Messe und Deutschem Platz wurde die Achse 1981 durch ein Gebäude für die ehemalige Messeverwaltung überbaut und damit die Sichtachse gestört. Die Alte Messe wird heute als Gewerbegebiet sowie für Wissenschaft, Freizeit und Kulturveranstaltungen genutzt, nachdem mehrere Messehallen abgebrochen oder einer neuen Nutzung zugeführt worden sind. Das Völkerschlachtdenkmal ist eines der Wahrzeichen der sächsischen Großstadt und ein Besuchermagnet, auch wenn Monumentalität und Pathos dieser Stätte in der heutigen Zeit befremdlich wirken mögen. Das unmittelbar am Monument eingerichtete Museum »Forum 1813« vermittelt einen Eindruck von den Geschehnissen dieses Jahres in Leipzig.

Blick von Südosten über das Völkerschlachtdenkmal auf das Gelände der Alten Messe

BERLIN
OLYMPIASTADION

Im Jahr 1931 wurden die XI. Olympischen Sommerspiele 1936 nach Berlin vergeben. Somit sollte nun erstmals eine Olympiade in Deutschland stattfinden, nachdem die bereits für das Jahr 1916 in Berlin vorgesehenen Spiele wegen des Ersten Weltkrieges ausgefallen waren. Bekanntlich übernahmen 1933 die Nationalsozialisten die Macht in Deutschland. Hitler war ein Gegner der olympischen Idee, ließ sich jedoch von den propagandistischen Möglichkeiten der Spiele in Deutschland überzeugen. Bedenken aus den demokratischen Staaten des Westens wurden durch Versprechungen des NS-Regimes beiseite geschoben.

So entstand im Westen Charlottenburgs, wo bereits Sportanlagen vorhanden waren, das 132 Hektar umfassende Reichssportfeld. Zu einer entsprechenden Inszenierung der Olympiade sollte selbstverständlich auch die Architektur genutzt werden. Der Architekt Werner March entwarf ein Ensemble aus Wettkampfstätten, in deren Zentrum das Olympiastadion liegt. Die monumentalen Anlagen werden von großzügigen Achsen und Freiräumen genauso geprägt wie von an antiken Vorbildern orientierten Bauwerken. Die ursprünglich von March in einer moderneren Formensprache mit Beton und Glas konzipierten Entwürfe für das Stadion mussten auf persönliche Veranlassung Hitlers überarbeitet werden.

Das Zentrum der Anlagen wird von einer Ost-West-Achse dominiert. Sie verknüpft das ovale Olympiastadion mit einem westseitig vorgelagerten, riesigen Platz, dem ehemaligen »Maifeld«, und dem Olympischen Platz im Osten. Am Maifeld befindet sich das Marathontor mit seinen flankierenden Pylonen. Das Olympische Tor im Osten und das Südtor bilden die monumental gestalteten Publikumszugänge in das Stadion. Das im Süden befindliche markiert die Querachse des Olympiageländes. In dieser Achse befinden sich vor dem Südtor der Anschluss an die Berliner S-Bahn und im Norden das Schwimmstadion.

Außer den Mannschaften kamen 1936 auch zahlreiche Touristen aus dem Ausland nach Berlin. Mit den Olympischen Spielen gelang es den Nationalsozialisten, an der Oberfläche das Trugbild eines weltoffenen Landes zu erzeugen. Was nach dem Ende dieses dunklen Kapitels blieb, sind immer noch beeindruckende und nach wie vor für große Veranstaltungen genutzte Sportstätten. Das ursprünglich für 100 000 Zuschauer ausgelegte Olympiastadion wurde zuletzt für die Fußball-Weltmeisterschaft 2006 umgebaut und erhielt damit seine prägenden Überdachungen.

Westansicht des Olympiastadions, im Vordergrund das ehemalige Maifeld mit Marathontor

BERLIN
KARL-MARX-ALLEE

Die heutige Karl-Marx-Allee ist eine der wichtigen Ausfallstraßen, die als Bundesstraße 1 das Berliner Zentrum mit dem östlichen Umland verbindet und nach Frankfurt (Oder) führt. Sie gehört zu den bekanntesten Straßen der Hauptstadt und ist als Stalinallee sowohl in die Zeit- als auch in die Architekturgeschichte eingegangen. Sie ist heute das bedeutendste Monument der frühen Aufbaujahre der ehemaligen Deutschen Demokratischen Republik.

Die Allee befindet sich in Friedrichshain und wurde mit ihrer gründerzeitlichen Bebauung im Zweiten Weltkrieg stark zerstört. In den Nachkriegsjahren erfolgte eine umfassende Trümmerräumung. Nach Gründung der DDR im Oktober 1949 wurde der Straßenzug zu einem Prestigeprojekt der Wiederaufbauplanung Ost-Berlins. Die ersten Wohnungsneubauten waren noch an der modernen Architektur der 1920er Jahre orientiert. Im Sommer 1950 erfolgte ein scharfer Paradigmenwechsel in der Baupolitik. Nach dem Motto: »Von der Sowjetunion lernen heißt siegen lernen« wurde die stalinistische Architektur zum Vorbild für das Bauen in der jungen DDR. Hier bezeichnete man die monumentale, an historischen Baustilen angelehnte Bauweise als »Architektur der nationalen Bautradition«. Dabei spielten auch raumgreifende Achsen eine bedeutende Rolle, sie sollten als Aufmarschstraßen dienen.

Nach diesen Grundsätzen entstand unter der planerischen Leitung des seinerzeit federführenden Architekten in der DDR, Hermann Henselmann, in den 1950er Jahren eine breite Prachtstraße: die Stalinallee. Für die Gestaltung der großen Wohnkomplexe stand die klassizistische Baukunst Schinkels Pate. Die ursprüngliche Straßenbreite wurde stark aufgeweitet; diese Situation ist am Übergang zur erhaltenen Gründerzeitbebauung der Frankfurter Allee gut sichtbar. Das Kernstück der Magistrale reicht vom Strausberger Platz mit seinen Hochhäusern am westlichen Ende des ersten Bauabschnitts bis zum Frankfurter Tor, das mit zwei Kuppeltürmen akzentuiert ist. Letztere erinnern an den Berliner Gendarmenmarkt mit den hoch aufragenden Kuppelbauten des Französischen und des Deutschen Doms.

Während des Baus der Stalinallee lösten Streiks und Demonstrationen von Bauarbeitern den Volksaufstand des 17. Juni 1953 aus. 1961 wurde die Stalinallee in Karl-Marx-Allee umbenannt. Nach einem erneuten Wechsel in der Baupolitik der DDR entstanden hier auch qualitätsvolle Bauten der Nachkriegsmoderne wie das 1963 eröffnete Kino International und das Cafe Moskau. Bis 1969 erfolgte im zweiten Bauabschnitt die Vollendung des Straßenzuges mit dem Anschluss an den Alexanderplatz. Nun entstanden großformatige Wohnblocks in Plattenbauweise. Die Karl-Marx-Allee spiegelt die mehrfach geänderte, von Moskau vorgegebene ideologische Ausrichtung des zentral gelenkten Bauwesens der ehemaligen DDR wider. Sie ist damit einerseits Denkmal für die zweite totalitäre Diktatur auf deutschem Boden im 20. Jahrhundert, andererseits wirkt die Straße nach ihrer gelungenen Sanierung als markantes Zeugnis des Wiederaufbaus nach dem Zweiten Weltkrieg.

Ostabschnitt der Karl-Marx-Allee, Ansicht von Westen, im Vordergrund der Strausberger Platz

Umschlagvorderseite
Schloss Nordkirchen, Aufnahme von Süden.

Umschlagrückseite
Potsdam-Sanssouci, von Norden.

Frontispiz
Ludwigslust, Schlossallee von Nordosten.

Inhaltsverzeichnis
Schloss Moritzburg bei Dresden, Blick von Osten mit Fasanenschlösschen.

Bildnachweis

S. 12: Schloss Hessen (Landkreis Harz), Renaissancegarten, Kupferstich, aus: Matthaeus Merians Erben: Topographia Germaniae, Herzogtümer Braunschweig und Lüneburg, Frankfurt am Main 1654.

S. 14: Historische Ansicht des Großen Gartens in Hannover-Herrenhausen, Kupferstich, um 1708. Marieanne von König (Hg.), Herrenhausen. Die Königlichen Gärten in Hannover, Göttingen 2006, S. 21.

Alle übrigen Fotografien: Nürnberg Luftbild, Hajo Dietz Fotografie, Nürnberg.

Bibliographische Informationen der Deutschen Nationalbibliothek:
Die Deutsche Nationalbibliothek verzeichnet diese Publikation
in der Deutschen Nationalbibliographie; detaillierte bibliographische Daten
sind im Internet über http://dnb.de abrufbar.

1. Auflage 2021
© 2021 Verlag Schnell & Steiner GmbH, Leibnizstraße 13, 93055 Regensburg
Umschlaggestaltung: Anna Braungart, Tübingen
Satz: typegerecht berlin
Druck: Grafisches Centrum Cuno GmbH & Co. KG, Calbe

ISBN 978-3-7954-3668-1

Alle Rechte vorbehalten. Ohne ausdrückliche Genehmigung des Verlags ist es nicht gestattet, dieses Buch oder Teile daraus auf fototechnischem oder elektronischem Weg zu vervielfältigen.

Weitere Informationen zum Verlagsprogramm erhalten Sie unter:
www.schnell-und-steiner.de